Vivant

Aymeric Caron

Vivant

De la bactérie à Homo ethicus

Flammarion

© Flammarion, 2018.
ISBN : 978-2-0814-2165-3

« Quelle chimère est-ce donc que l'homme ? Quelle nouveauté, quel monstre, quel chaos, quel sujet de contradiction, quel prodige ! Juge de toutes choses, imbécile ver de terre ; dépositaire du vrai, cloaque d'incertitude et d'erreur ; gloire et rebut de l'univers. »

BLAISE PASCAL, *Pensées*.

Sommaire

Mourir 13
Homo ethicus 21
Mère 27
Et la cellule fut 31
Matière.. 37
Les différentes expressions du vivant.......... 39
Mon œil... 61
Conscience... 71
Cerveau.. 77
Douleur.. 81
Poissons... 87
Plantes... 93
Prédateurs 109
Honte... 113
Génocide.. 117
Nina et les viandales 127
Viandales... 157
Quelques réponses aux viandales 165
Mes chats... 175
Sauver une vie.. 187
Respect.. 189
Salauds 195

Mal diabolique.. 199
Darwin et ethicus 211
Responsabilité et empathie............................ 219
Vivre c'est 223
Naturel artificiel.. 233
Vivant artificiel 241
Les trois lois de l'homotique......................... 255
Slow 259
Témoin 265

À Nyna.

Mourir

La vie me mène tranquillement vers le vide. Bientôt je ne serai plus, et ne pourrai même plus penser à ce que j'ai été. Je serai reparti en fumée, renvoyé là d'où le hasard m'a extirpé, cet endroit où l'on ne peut ni voir, ni sentir, ni savoir. Chaque heure qui passe prolonge mon existence et la raccourcit en même temps. Il s'agit, je crois, du plus douloureux paradoxe ontologique que nous ayons à affronter, et l'une des sources fondamentales de nos angoisses : plus nous vivons, plus nous mourons.

Les statistiques se veulent toutefois rassurantes. Je n'ai officiellement goûté que la moitié de ma vie et il m'en reste à peu près autant à parcourir avant l'évaporation définitive. Je suis donc déjà vieux mais encore jeune, ou le contraire. Les pronostics logiques qui me prêtent une petite quarantaine d'années supplémentaires ne peuvent cependant pas grand-chose contre l'accident ou la maladie qui sont susceptibles de m'éliminer bien plus tôt que prévu, ce qui me procurerait une contrariété non négligeable que je n'aurais néanmoins peut-être pas le temps de ruminer. La mort que vous avez côtoyée, frôlée, mais évitée avec soin pendant des décennies s'abat parfois sur vous sans prévenir, de la plus originale ou de la plus triviale des manières, comme si elle tenait à vous rappeler, au moment de vous l'ôter, que votre vie n'a jamais tenu qu'à un fil.

La mort n'est en définitive qu'une fâcheuse banalité. Chaque jour, 170 000 humains sont effacés de la planète, ce qui correspond à environ 120 morts par minute[1]. Il s'agit d'un tempo parfait, celui des tubes de dance floor ou des footings de récupération. 120 bpm. Curieux hasard qui nous appelle à apprécier notre chance d'être vivant : chaque fois que nos pas se posent au son de la musique qui divertit, ou que notre cœur bat au rythme d'une course légère, un humain s'évapore, emportant dans son trépas les dizaines de milliers de milliards de cellules qui composent son corps. Pas une parcelle de vivant ne peut échapper à la tragédie du cycle de la vie.

Le jour même où vous n'êtes plus, vous êtes balayé en un instant. Le retour vers ce néant d'où nous fûmes sortis par miracle est un effacement immédiat. Si notre parcours nous a octroyé l'honneur dérisoire d'une page Wikipedia, la date de notre décès y est ajoutée dans la minute qui suit son annonce publique sur un quelconque réseau social. *Eject.*

Comme si la mort n'arrivait qu'aux autres, nous feignons l'immortalité pour mieux brûler nos heures dans l'absinthe de préoccupations futiles et vaniteuses. Pendant ce temps elle nous observe, goguenarde, jusqu'au moment où elle choisit de se rappeler à notre souvenir. Une connaissance, plus ou moins proche, décède soudain. La veille pourtant, elle suivait le cours de ses heures, sans se douter qu'il s'agissait de ses dernières. En apprenant la nouvelle, un trouble nous saisit. Ce trouble devient choc lorsque

---

1. « Une carte des naissances et des morts dans le monde en temps réel », *Atlantico*, le 31 octobre 2013.

c'est un ami cher ou un parent proche qui disparaît. Nous aimions serrer dans nos bras cet être qui nous guidait, nous consolait, nous conseillait, nous distrayait, nous émerveillait. Mais cet être n'est plus, et le corps froid devant lequel nous nous recueillons n'est déjà plus lui. Il est la mort qui nous provoque, en se mettant à rôder autour de nous. Pendant des jours, des semaines ou des mois, elle pose son souffle froid sur notre main et embue notre regard. Elle nous oblige à nous arrêter pour la considérer. Elle nous prévient que bientôt ce sera notre tour, et pour nous préparer elle nous prive d'une partie de nous-même en éteignant une âme qui nous complétait.

Il est assis dans un fauteuil confortable, son fauteuil, celui qui faisait autorité et autour duquel l'ensemble du salon était organisé. Ce fauteuil est situé en face d'une baie vitrée qui offre une vue ample sur un jardinet verdoyant au-delà duquel, une fois la rue traversée, coule un paisible canal. L'une de ses mains, posée sur un large accoudoir de bois sombre, entoure un verre rond rempli d'un alcool jaunâtre. Ses longues jambes sont croisées. Il porte un pantalon à pinces et une chemise de couleur claire recouverte d'un pull sans manches à col en V. Il parle de politique, ou alors de football, sa passion – dans sa jeunesse, il a été le gardien de but d'une équipe qui évolue aujourd'hui en première division des Pays-Bas. Je n'aime pas spécialement le football, mais j'aime quand lui en parle. Soudain il se trouve en face de moi, assis à la table en laqué blanc du salon. Au-dessus de nos têtes un lustre en métal rond, blanc lui aussi, éclaire le plateau d'échecs autour duquel nos cerveaux échafaudent des stratégies. Je devrais perdre la partie, évidemment, mais il me laisse gagner, je ne le comprendrai que plus tard, pour l'instant je suis persuadé d'être très malin. Il est au volant de sa Mercedes. Il m'emmène en balade à Amsterdam. Il débarque les bras chargés de cadeaux. Il rit. Ou plutôt il sourit. C'est curieux, chez lui le sourire se mélange au rire. Il rit (ou sourit) et des fossettes se dessinent sous ses joues qui se gonflent légèrement. Il rit ou sourit chaque fois que je le vois et son visage irradie ses interlocuteurs d'une joie de vivre que je n'ai revue chez personne après lui. Il a pourtant ses secrets et ses souffrances, il a connu la part sombre des hommes, mais il me fait croire qu'elle n'existe pas. J'ai cinq ans, il me porte sur ses épaules en sautillant, j'ai dix ans, nous jouons au foot et il se met dans les buts, j'ai douze ans, nous visitons la maison d'Anne Frank, j'ai quatorze ans, nous écumons ensemble les magasins à la recherche d'habits à la dernière mode, j'ai dix-huit ans, nous passons de plus en plus de temps à discuter de mille choses. Avec la langue française qu'il a apprise sur le tard, il se débrouille, très bien, comme il l'a fait dans tous les domaines de sa vie pas banale.

Pendant toute mon enfance, chacun des moments passés avec mon « pépé » a été une fête, un hors-temps, une explosion de couleurs, de charme, d'humour et d'élégance. Mais cela devait donc avoir une fin, puisque tout finit un jour, peut-être même l'univers. Mon grand-père est parti il y a quelques années. Dans mon bureau sont aujourd'hui exposés des objets décoratifs qu'il affectionnait et que j'ai vus pendant des années dans son salon chaque fois que je lui rendais visite : un œuf chinois en cloisonné sur son socle de bois acajou, ainsi qu'un cheval et un bouddha en cuivre. Il me suffit de poser les yeux sur eux pour apercevoir mon grand-père à quelques pas de moi. Je n'admets toujours pas qu'en dehors de ces choses il ne reste rien de lui, si ce n'est l'impression qu'il a laissée à ceux qu'il a aimés. Le jour où je ne serai plus, ni aucun de ceux qui l'ont connu, il aura définitivement disparu. Comment une telle chose est-elle possible ? Il était une histoire riche, complexe, celle d'un homme abandonné par sa mère, n'ayant jamais connu son père, ayant quitté l'école très tôt, passé par des tas de petits boulots, emprisonné pendant la guerre, célibataire endurci épousant à quarante ans une femme seule avec trois enfants pour créer une famille heureuse, tout en réussissant une belle carrière dans le commerce. Il était des milliers de souvenirs, il était une chaleur. Il n'est plus aujourd'hui qu'une inspiration mêlée de douleur. Pour survivre un peu il n'existe que l'art. Romain Gary a ainsi offert une immortalité passagère à sa mère en lui consacrant un roman : « Il y a des quantités de mères extraordinaires qui se perdent parce que leurs fils n'ont pas pu écrire *La Promesse de l'aube* », expliquait le double vainqueur du Goncourt. Nous mourons en réalité par absence de prolongement littéraire.

N'en déplaise à Épicure [1], la mort est la plus ennuyeuse des affaires, et cette évidence est bien simple à comprendre : la mort nous prive de notre bien le plus précieux, la vie. Rien ne compte donc davantage pour nous que cette connexion qui allume le vide et qui nous permet d'expérimenter notre environnement, de sentir le temps qui s'écoule, d'échanger avec d'autres vivants, d'éprouver plaisir et satisfaction. Il n'y a qu'à observer le soin que nous mettons à ne pas mourir et la quantité étouffante de conversations qui portent sur l'état de nos artères, de nos

---

1. Épicure de rappel : « La mort n'est rien pour nous, puisque, tant que nous existons nous-mêmes, la mort n'est pas, et que, quand la mort existe, nous ne sommes plus. Donc la mort n'existe ni pour les vivants ni pour les morts, puisqu'elle n'a rien à faire avec les premiers, et que les seconds ne sont plus. » (Lettre à Ménécée).

articulations, de nos allergies, de nos bilans sanguins et cardiaques, et sur le moindre bobo qui nous inquiète. La très grande majorité d'entre nous donnerait tout ce qu'elle possède, ses milliers ou millions d'euros, s'il s'agissait de sauver sa propre vie ou celle de son enfant. Personne ne souhaite, a priori, mourir. Et pourtant nous n'avons pas le choix.

N'est-il pas curieux, d'ailleurs, que le phénomène vital qui anime notre planète s'épanouisse sur la putréfaction sans cesse renouvelée de milliards de cadavres quotidiens ? Pourquoi la nature a-t-elle mis au point une mécanique de persévérance de la vie aussi brutale ? Pourquoi des existences ont-elles besoin d'en interrompre d'autres pour se poursuivre ? Pourquoi tout vivant doit-il forcément un jour cesser d'être ? Le jour où nous percerons ces mystères, notre destin en sera bouleversé.

On peut longuement s'interroger sur les motivations de cette cruelle nécessité qui nous demande les plus grands efforts pour bâtir dans les larmes et la sueur ce qui sera balayé en une seconde. J'en vois une : notre disparition programmée donne son sens à la notion de responsabilité, là où l'immortalité la rendrait inutile. En effet, si tout s'arrête un jour, et si nos actions peuvent entraîner notre propre mort ou celle d'autrui, alors nous sommes contraints de réfléchir à la manière dont nous utilisons le capital vital que la chance nous a offert. Car, dans la mesure où notre temps de passage sur Terre est limité, il est recommandé de le rentabiliser. Autrement dit, la mort nous force à inventer un sens à notre existence.

Ce dernier point sera contesté par nombre d'individus qui ne demandent qu'à « profiter de la vie » égoïstement et détournent le *carpe diem* d'Horace pour en faire le slogan d'une ode à la jouissance nombriliste de tous les instants, dénuée de la moindre aspiration spirituelle.

Gagner un maximum d'argent, allonger son corps graisseux sur des plages exotiques, s'acheter des gadgets qui ne poussent leur dernier cri que quelques mois, commenter chaque semaine les résultats d'une équipe de foot, faire dépendre ses humeurs desdits résultats, se saouler sur de la musique décharnée aux ultrabasses sournoises, gueuletonner sur le dos d'animaux martyrs en évoquant la tradition, la culture et d'autres fadaises débilitantes : de multiples techniques de lobotomie sont proposées par des charlatans qui promeuvent le rien et les bulles. Ces charlatans, qui ont hélas conquis tous les leviers du pouvoir, qu'il soit politique ou économique, méprisent la vie et nous encouragent à en faire autant. Ils meurent riches d'argent mais indigents d'humanité. Leur passage sur Terre a été un désastre : pour le bien du plus grand nombre il aurait mieux valu qu'ils ne naissent pas. D'ailleurs ils ne sont jamais vraiment nés. Ils ont erré, c'est tout.

Preuve que la mort est, quoi qu'ils en disent, le principal souci des vivants, la presse en fait son sujet favori. Avec la gravité de porte-parole des pompes funèbres, les médias nous livrent le récit quotidien de la Camarde sous toutes ses coutures. Les guerres, le terrorisme, les catastrophes naturelles ou industrielles, les crashs d'avion, les déraillements de train, les écroulements de pont, les carambolages sanglants, les pandémies, les disparitions de célébrités, et, bien sûr, les faits divers sordides, homicides en tous genres, avec une préférence pour les meurtres d'enfants et de conjoints : les flashs infos ne sont souvent qu'étalage de cadavres, « infinitude indécente », pour reprendre l'expression de Cioran qualifiant l'omniprésence de la mort. Ces corps raidis, carbonisés, déchiquetés, noyés ou écrabouillés, chacun d'entre nous les regarde avec une fascination qui compense, sans doute, le déni de notre propre disparition

19

à venir. Et si l'actualité est une rubrique nécrologique inin-terrompue, c'est bien parce que perdre la vie est ce qui peut arriver de plus grave à un individu en bonne santé.

Mais alors, dans ce cas, pourquoi faisons-nous si peu de cas de la vie des autres ? Pourquoi la mort de milliers d'hommes, de femmes et d'enfants piégés par le destin d'une guerre, d'une fuite obligée, de la sous-nutrition ou de l'indigence sanitaire ne nous empêche-t-elle pas de fermer l'œil ? Pourquoi nos gouvernements provoquent-ils ces morts sans états d'âme ? Et pourquoi nous autorisons-nous, humains, à priver de leur vie des milliers de milliards d'ani-maux non humains chaque année ? Pourquoi ne pouvons-nous pas comprendre pour eux ce que nous comprenons si bien pour nous-mêmes ? Pour toi, lecteur, le bien le plus précieux est ta vie. Eh bien pour le veau qu'on arrache à sa mère pour le transformer en steaks, c'est exactement pareil : il tient plus que tout à sa vie. Chacune de ses journées est consacrée à la poursuite de lui-même, à l'évitement de la mort et à la recherche du plaisir. Si toi, lecteur, tu as le droit de vivre en sécurité sans que personne ne t'assassine, pour-quoi en serait-il autrement pour le veau, la vache, le cochon, le poulet, le mouton, le lapin, le vison, et tous ces animaux que l'on élève à la pelle avec l'abattoir comme horizon, et qui ne demandent pourtant qu'à profiter de leur existence, tout comme nous ?

Oui, nous devons mourir pour vivre. C'est ainsi. Mais devons-nous tuer ?

Homo ethicus

Humain, je crois que j'ai cessé de t'aimer. Tes qualités, si peu exploitées, ne suffisent plus à compenser tes tares rédhibitoires au premier rang desquelles je place la stupidité. Car tu es désespérément idiot. L'avenir que tu te prépares en est la preuve.

C'est plus fort que toi : tu as toujours lapidé, égorgé, taillé en pièces, écartelé, mitraillé, fusillé, décapité, bombardé. Des centaines de millions d'hommes, de femmes et d'enfants sont morts prématurément en raison de leur appartenance à un clan, à une tribu, à un drapeau ou à une religion. Par ailleurs, depuis longtemps, tu mets à mort pour te nourrir. Des milliards de milliards d'animaux non humains ont été zigouillés en quelques millénaires pour remplir nos panses. Et depuis deux siècles, c'est la Terre que tu assassines. Tu pilles, creuses, déracines, arraches, empoisonnes, assèches, asphyxies, sans penser un seul instant aux conséquences de tes actes. Si tu es européen, tu consommes chaque année trois fois ce que la planète peut t'offrir en ce laps de temps. Si tu es américain ou australien, tu consommes cinq fois trop. Et si tu es qatari, dix fois trop [1].

---

1. Paul Marion, « Jour du dépassement : les pays bons élèves de l'écologie, et les autres », *Les Échos*, le 3 août 2018.

Tu libères le carbone à gogo. Tu auras l'air malin quand la température globale de l'atmosphère aura augmenté de plusieurs degrés à la fin du siècle ou bien avant, quand les villes seront devenues irrespirables la moitié de l'année, quand le désert aura gagné le sud de l'Europe et se sera étendu en Afrique, quand la neige aura disparu des sommets de l'Himalaya, quand cette augmentation des températures détruira les récoltes, ce qui créera une instabilité alimentaire précédant une instabilité sociale, quand les épisodes de sécheresse, les inondations, les ouragans, les tempêtes et les cyclones se multiplieront, quand les populations seront déplacées par millions et que personne ne voudra accueillir ces écoréfugiés, quand ce monde s'enfoncera dans un chaos que seule la dictature des nantis sera capable de maîtriser en apparence, et que tu seras bien obligé d'admettre que tu es l'unique responsable. Nous en serons là parce que tu refuses d'écouter les cris d'alarme de ceux de tes représentants qui pointent l'évidence.

Tu protestes et évoques ce que tu as accompli en quelques millions d'années, et qu'aucune autre créature terrestre n'a été en mesure de réaliser. Il est vrai que tu peux être fier. Avec ta faible corpulence, ton absence de crocs, de fourrure, de carapace, de venin, puisque Épiméthée faillit, tu n'étais à l'origine qu'une pauvre bestiole à la merci des éléments et des nombreux animaux plus forts que toi. Tu étais donc voué à une disparition rapide. Et te voilà au sommet, souverain incontesté terrorisant la moindre parcelle de nature. Il s'agit d'un improbable hold-up perpétré grâce aux malices de l'évolution qui t'a choisi comme récipiendaire de ses nouveautés les plus spectaculaires. Tu ris et imagines que c'est toi qui as dompté le sort pour te hisser au rang d'espèce dominatrice. Comprends que tu n'y es pas pour grand-chose. La chance, c'est tout.

Et qu'en as-tu fait ? Un peu de sublime qui ne compense pas le gâchis magistral.

Humain, nul besoin que tu assassines pour me rebuter. Depuis le temps que je te fréquente, j'ai pu expérimenter tes trahisons, la bassesse de tes conduites sans honneur et la superficialité de tes amours déclamées. Lui, meilleur ami qui me jurait l'amitié fraternelle, sourires et accolades serrées, absent au premier moment où lui fut donnée l'occasion de la démontrer. Elles, mantes athées aux sentiments utilitaires, qui défilèrent lorsque plus jeune je ne voyais pas bien clair. Et tous ces verres levés, ces connivences embrassées, ces confidences arrachées par des alliés de pacotille envolés à la première bourrasque. Ton palmarès social est une litanie de promesses éteintes et d'enthousiasmes feints. Je n'ai pas beaucoup d'amis vrais parmi tes enfants, mais je continue à sourire à tous les autres.

Humain, j'ai voulu t'aimer mais cela m'est impossible aujourd'hui. Misanthrope ? Pas loin, je l'admets. Comment pourrait-il en être autrement ? Comment ne pas mépriser une espèce dont une partie des représentants exprime tant d'ignominie, tandis qu'une autre partie, majoritaire, laisse faire et se tait ?

Humain, est-ce ton genre qui est en cause ou ton espèce ? « *Homo sapiens* ». Connais-tu la signification de ton nom ? « *Sapiens* », dit le Gaffiot : « intelligent, sage, raisonnable, prudent ». Veux-tu que l'on reprenne chacun de ces termes ? Sage, raisonnable, prudent ? Allons, soyons sérieux. Tu es tout l'inverse. Une autre appellation aurait été plus adaptée à notre engeance : *Homo intellectualis*, à savoir « homme qui réfléchit, qui comprend ». Il est en effet pertinent d'affirmer que, plus que les autres espèces, les humains réfléchissent et comprennent. Parfois extrêmement bien (c'est le cas de générations de scientifiques en tout genre), parfois extrêmement mal (c'est le cas de générations de politiciens et philosophes en tout genre, et de milliards d'humains au quotidien). Les humains s'interrogent et résolvent des problèmes. Mais une intelligence non maîtrisée ou mal utilisée peut toutefois se transformer en stupidité. Notamment si elle n'est pas encadrée par la sagesse, la prudence et la raison.

Sapiens, ton incapacité à réaliser la promesse de ton titre a signé ta fin. Bientôt tu ne seras plus, éradiqué par tes soins. Bravo, cas unique dans l'histoire du vivant. L'humanité disparaîtra-t-elle avec toi ? Pas forcément. Il est encore possible de la sauver en lui inventant ton successeur. On peut considérer que l'humanité est apparue il y a 6 ou 7 millions d'années, lorsque notre lignée s'est séparée des chimpanzés, mais le genre *Homo* a émergé il y a trois millions d'années. Une quinzaine d'espèces *Homo* se sont succédé depuis, parmi lesquelles *habilis* (habile), *ergaster* (artisan), *erectus* (dressé), *neanderthalensis* (du nom d'une vallée) et toi, *sapiens*. Inventons dès aujourd'hui l'espèce qui te remplacera. Si notre genre doit survivre, il ne peut s'agir que de *l'homme moral*, que je propose d'appeler *Homo ethicus* [1]. Plaçant l'éthique au centre de sa réflexion et de ses actions, *Homo ethicus* aura à cœur d'être juste, réfléchi, bienveillant, altruiste, empathique. Il sera sensible à la souffrance de ses congénères et à celle des non-humains, sensible au respect des forêts, des lacs, des mers et de l'atmosphère.

Comme tu le sais, l'histoire de l'évolution est faite de transitions et de modifications opérées à partir de l'existant. Si *Homo ethicus* doit voir le jour, il est déjà en germe

---

1. En latin, *ethicus* : « qui concerne la morale, moral ».

en toi. De fait, il existe chez *sapiens* des signes annoncia-
teurs d'une nouvelle espèce à venir. Tu as, en effet, inventé
les droits de l'homme et tenté d'y inclure progressivement
tous les individus de notre espèce, quels que soient leur
sexe, leur couleur de peau, leur religion ou leurs préfé-
rences amoureuses. Tu as honoré dans de nombreux textes
les notions d'égalité, de fraternité et de solidarité. Tu as
récemment créé les premières lois de protection animale,
et ces lois gagnent en précision pour certaines espèces et
dans certains contextes.

Ton salut ne peut venir que des énergies tournées vers
autrui, celles qui regardent en dehors de nous-mêmes et
exigent que nous nous mettions au service du vulnérable,
qu'il soit humain, non humain, animal ou végétal. Dans
la Genèse, la Bible donne un ordre aux humains dont on
sait pertinemment aujourd'hui qu'il est indigne : « Dieu
bénit Noé et ses fils et il leur dit : "Soyez féconds, multi-
pliez, emplissez la terre. Soyez la crainte et l'effroi de tous
les animaux de la terre et de tous les oiseaux du ciel,
comme de tout ce dont la terre fourmille et de tous les
poissons de la mer : ils sont livrés entre vos mains." [1] »
Nous devons réécrire notre catéchisme. Cesser d'être des
sujets de crainte et d'effroi pour tout ce qui vit sur cette
planète, et au contraire en prendre soin. Inventons une
espèce d'humains sensible au sort du vivant sous toutes ses
formes et guidée par le devoir de le respecter en toutes
circonstances. Nous sommes aujourd'hui les tueurs du
vivant. Un T nous sépare de notre salut. Cessons d'être
tueurs, devenons tuteurs.

---

1. Genèse 9 : 1-2, texte de la Bible de Jérusalem, Éditions du Cerf,
1998.

Mère

Il arrive souvent que celle qui a donné la vie à un enfant, qui l'a nourri et éduqué, ne puisse un jour plus prendre soin d'elle-même, en raison des années qui rongent les muscles et l'esprit. Alors l'enfant devenu adulte a pour devoir de prendre soin de sa mère, comme elle-même l'avait fait pour lui quelques décennies plus tôt. S'il refuse, il est un fils ou une fille indigne.

Notre mer à tous est une vaste étendue d'eau où la vie est née sous forme de bactéries il y a environ 3,8 milliards d'années, avant de se développer réellement au Cambrien, il y a 540 millions d'années. Nos ancêtres les poissons se sont émancipés de leur mer il y a 375 millions d'années en la quittant pour des contrées émergées remplies de promesses. Les forêts se sont mises à pousser il y a 360 millions d'années. Les premiers mammifères sont apparus il y a 225 millions d'années et ils ont commencé à dominer le règne animal il y a 65 millions d'années, après la disparition des dinosaures. Notre mère est devenue la Terre, et celle-ci a porté environ 100 milliards d'enfants humains depuis 50 000 ans. Aujourd'hui, la planète se meurt et nous, ses enfants actuels, sommes responsables de son état. Nous sommes son cancer foudroyant. Enfants doublement indignes, qui ne prenons pas soin de notre mère et qui provoquons son agonie.

Si nous agissons ainsi, c'est que nous ne sommes pas encore devenus adultes. L'espèce humaine est engluée dans son immaturité. Elle n'est toutefois plus au stade de l'enfance car elle est sortie de la peur et de l'innocence lorsqu'elle est parvenue à éclairer la nuit, il y a 500 000 ans au moins. Elle est pour l'instant dans sa phase adolescente, cette période de la vie où l'on découvre ses potentialités et où l'on se construit dans l'opposition à ce qui nous a été jusqu'alors enseigné. Jusqu'à récemment, enfants de la nature, nous suivions ses règles, soumis à sa logique, à ses avertissements et ses punitions. Puis, à partir du XVIIIᵉ siècle, nous avons constaté que nous pouvions la contredire et prendre parfois le pouvoir sur elle. Alors nous avons commencé à considérer que ce qu'elle avait à nous dire n'avait que peu d'intérêt.

Homo sapiens est un adolescent qui agit en parfait égoïste, rebelle à tout ce qui s'oppose à lui, indifférent à l'autorité parentale qui lui commande la modération et la pondération, prêt à tous les conflits pour imposer sa vision. Embué de suffisance, il ne se rend pas compte de son ignorance crasse, ni de son ridicule. Évidemment, comme chez tout adolescent, tout n'est pas mauvais en lui. Il est aussi capable d'empathie, d'humanisme et exprime parfois de saines exigences. Mais tout cela est brouillon et gâché par trop de passions non maîtrisées et par un déficit de sagesse fondatrice.

Homo ethicus est le *sapiens* entré dans l'âge adulte. Il est l'humain qui a compris qu'il est de son devoir de s'occuper de cette Terre-mère que nous avons malmenée au point de la menacer aujourd'hui, et qu'il nous faut prendre soin de tous ses autres enfants. Tous ? Je comprends votre gêne.

Le vivant est en effet la plus complexe des énigmes. La seule chose dont nous soyons à peu près certains est que la vie est notre bien le plus précieux, à chacun d'entre nous, et que par conséquent elle est le bien le plus précieux de toute entité animée par le même souffle. En revanche personne ne sait précisément comment la vie est apparue et encore moins pourquoi. Même la définition du vivant pose problème, ainsi que la compréhension de ses différentes expressions. Il existe de multiples formes de vivant, extrêmement éloignées les unes des autres et pourtant irrémédiablement liées. Faut-il toutes les protéger de manière identique et comment y parvenir, alors même que les animaux dont nous faisons partie sont obligés de détruire du vivant pour continuer à exister ? Quelles vies pouvons-nous prélever, et pourquoi ? Les végétaux, nous dit désormais la science, manifestent eux aussi des signes d'intelligence et de sensibilité. Cela en fait-il l'équivalent des animaux ? Si c'était le cas, alors les végétariens et végétaliens se fourvoieraient en soutenant qu'il est plus grave de manger de la viande que des fruits, des légumes et des céréales.

Le trouble ne s'arrête pas là. Il se prolonge lorsque l'on s'interroge sur la conscience et sur le rôle que celle-ci joue dans les processus du vivant. La conscience n'a pas été distribuée de manière identique à tous les êtres de cette planète, et il semble qu'elle trouve chez l'humain son expression la plus aboutie en raison de cette création de l'esprit nommée « morale », sur laquelle nous avons fondé notre société. La morale est un organe invisible qui remplit pour notre espèce une fonction vitale au même titre que le cœur, l'estomac ou les poumons. L'un nettoie notre sang et l'envoie alimenter nos muscles, l'autre traite notre carburant alimentaire, les derniers permettent l'échange de gaz carbonique et d'oxygène. Ce ne sont là que des actions mécaniques dont on retrouve les déclinaisons chez toutes les espèces vivantes. La morale, quant à elle, est un organe particulièrement humain qui guide nos réponses à des stimuli sociaux. Elle implique que nous devons à notre statut d'espèce intelligente dominante autre chose que de l'activité intestinale, de la gesticulation sociale et du cynisme. Respirer, se déplacer, faire du bruit, consommer, salir : ces actions suffisent-elles pour faire de nous des vivants ? Non. Il nous faut également la dignité. Et celle-ci implique l'éthique. Du philosophe de l'impératif catégorique, Emmanuel Kant [1], on peut critiquer la radicalité, mais son ambition générale, ainsi résumée, est juste : « La moralité est la condition qui seule peut faire qu'un être raisonnable est une fin en soi ; car il n'est possible que par elle d'être un membre législateur dans le règne des fins. La moralité, ainsi que l'humanité, en tant qu'elle est capable de moralité, c'est donc là ce qui seul a de la dignité [2]. » Vous l'avez compris, on ne peut parler du vivant sans évoquer à la fois la biologie et la philosophie.

---

1. Cet impératif catégorique est le suivant : « Agis seulement d'après la maxime grâce à laquelle tu peux vouloir en même temps qu'elle devienne une loi universelle », *Fondements de la métaphysique des mœurs*.
2. *Fondements de la métaphysique des mœurs*, ibid.

Et la cellule fut

« Au commencement, Dieu créa les cieux et la Terre. Puis il fit la cellule, unité essentielle et indispensable à toute forme de vivant. Dieu vit que cela était bon et qu'il pouvait maintenant créer les plantes et les animaux. »

Si l'hypothèse créationniste ne vous séduit pas plus que moi, c'est embêtant. Car on ne sait trop comment vous expliquer par un autre biais la manière dont la vie s'est extirpée de la matière. Il n'y a pas de certitude à ce sujet. Les scientifiques considèrent que la vie est apparue sur Terre il y a environ 3,8 milliards d'années, mais ne s'accordent pas sur la manière dont cela a eu lieu. Un consensus se dégage pour considérer que les premiers organismes vivants sur notre planète sont nés dans une « soupe primitive » (un grand bain de molécules) grâce à une combinaison entre matière organique, source d'énergie (le soleil, par exemple) et eau à l'état liquide. Plusieurs hypothèses s'affrontent toutefois sur l'origine des molécules indispensables à la vie. Les ingrédients du vivant, comme les acides aminés, pourraient avoir été créés dans l'atmosphère à la suite de décharges électriques comme des orages ; ils pourraient également avoir émergé de sources hydrothermales au fond des océans ; ils pourraient encore être tombés de l'espace.

Cette dernière possibilité a la cote en ce moment. Certains spécialistes considèrent que les molécules organiques ont été apportées sur notre planète par des comètes et des météorites : des acides aminés et des bases azotées ont déjà été trouvés dans des météorites, et des chercheurs viennent de montrer que le ribose – un sucre qui forme le « squelette » de l'acide ribonucléique (ARN), lequel constitue le matériel génétique des premiers êtres vivants – pourrait avoir été formé dans les glaces cométaires [1]. Mais peut-être la vie a-t-elle en réalité émergé sur Terre grâce à des ingrédients venus à la fois de l'espace, de l'eau et de notre atmosphère [2].

Une chose semble certaine : la vie a commencé avec l'apparition de la cellule, qui constitue, aujourd'hui encore, la plus petite unité de base du vivant, la « brique de la vie ». Une unité qui ne mesure que quelques dizaines de micromètres, et qui n'a pu être observée qu'au XVIIe siècle grâce au microscope. Cependant, nos connaissances sur les cellules n'ont progressé qu'à partir de l'invention du microscope électronique, après la Seconde Guerre mondiale. À ce stade, on comprend donc le processus : des atomes se rassemblent pour créer des molécules et ces molécules se rassemblent à leur tour pour créer des cellules, premier stade du vivant.

Chaque cellule est protégée par une membrane qui renferme un milieu aqueux appelé cytoplasme, lequel contient des biomolécules qui sont rangées (mais pas toujours) dans des sortes de boîtes appelées organites. Ces organites remplissent des fonctions précises, c'est pourquoi on les compare généralement à des organes. Par exemple, une

---

1. « Origine de la vie : la pièce manquante détectée dans une "comète artificielle" », CNRS éditions, le 7 avril 2016.
2. *Étonnant vivant*, CNRS éditions, 2017, p. 44.

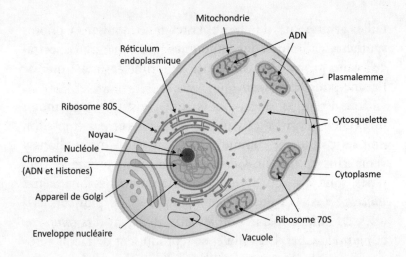

mitochondrie est un organite où se produit la réaction chimique de la respiration de la cellule, tandis qu'un chloroplaste est un organite où se produit la réaction chimique de la photosynthèse.

Par ailleurs, les cellules contiennent l'information génétique de l'organisme. Chez un animal, une cellule du cerveau est différente d'une cellule de peau ou de muscle, en raison d'une utilisation différente de cette information génétique. Les cellules qui assurent une fonction identique forment ce qu'on appelle un *tissu*. Les tissus et les organes de notre corps sont constitués par 200 types de cellules. L'information génétique de la cellule est contenue dans un noyau, sauf si la cellule n'en est pas pourvue, auquel cas elle est dite *procaryote*, par opposition à la cellule avec noyau, dite *eucaryote*. Les premières cellules apparues sur Terre, les plus simples, n'avaient pas de noyau.

Les cellules animales et végétales sont toutes deux eucaryotes, mais ne sont pas pour autant identiques. Les cellules végétales se caractérisent entre autres par une plus grande taille, la présence de chloroplastes pour réaliser la photo-synthèse, et elles sont entourées par une paroi extra-cellulaire protectrice constituée de cellulose (ainsi que de lignine pour les arbres).

Tous les organismes vivants sont constitués d'au moins une cellule, hormis les virus dont on ne sait pas trop si on doit les considérer comme vivants ou non – nous allons y venir dans un instant. Certains organismes, comme les bac-téries, sont faits d'une unique cellule : on parle alors d'êtres *unicellulaires*. Les êtres vivants constitués de plusieurs cel-lules, comme les plantes ou les animaux, sont dits *complexes* et *pluricellulaires*. Les cellules se reproduisent de façon auto-nome, par division (on appelle cela la *mitose*, et c'est en fait une multiplication et non une division), en se nourrissant de nutriments tels que les protides, les lipides et les glucides.

Chez un humain de taille moyenne on compterait envi-ron 30 000 milliards de cellules humaines, dont 85 % sont des globules rouges. Oui, je précise bien « cellules *humaines* », car nous trimbalons aussi des cellules qui ne nous appartiennent pas : on estime que 40 000 milliards de cellules microbiennes vivent à l'intérieur de notre corps, principalement dans notre système digestif et dans notre bouche. Nous abritons en effet des tas de formes de vie indépendantes avec lesquelles nous cohabitons gentiment et que nous appelons *microbes*. Contrairement à l'idée traditionnellement véhiculée, le mot *microbe* ne désigne pas un organisme néfaste, mais un organisme vivant minuscule, ou *micro-organisme*, invisible à l'œil nu, et composé d'une seule cellule. Les microbes que nous héber-geons diffèrent en fonction de la zone qu'ils occupent : les microbes de l'intestin ne sont pas les mêmes que ceux de la bouche ou de la peau. Et nous avons donc en nous davantage de cellules étrangères que de cellules qui nous appartiennent en propre : notre corps est composé pour 60 % environ de micro-organismes [1].

Flippant ? Non, car ces locataires ne nous sont évidemment pas hostiles en principe, sinon nous serions constamment malades. Au contraire, ils nous rendent des services, comme les microbes de la flore intestinale, essentiels à notre santé. On a désormais coutume d'appeler l'intestin le deuxième cerveau, car on sait maintenant que ce qu'il s'y passe a une influence sur notre santé psychique et physique : stress, dépression, dépendance à l'alcool ou schizophrénie... Le microbiote intestinal joue le rôle d'un organe multifonctionnel. On comprend alors aisément l'importance cruciale de notre alimentation dans notre santé et la raison pour laquelle les aliments industriels trop sucrés, trop gras et bourrés d'édulcorants nous sont néfastes. La plupart des bactéries qui habitent notre corps contribuent à notre bonne santé, car nous vivons en symbiose avec elles : elles fabriquent des vitamines et prennent part à notre système immunitaire. Tout corps humain est un écosystème.

Dans le corps humain, les cellules se divisent en deux toutes les 24 heures environ, tandis que parallèlement, 40 millions de cellules meurent chaque minute. Ce qui signifie qu'au cours de notre vie, nos tissus et organes vont être renouvelés plusieurs fois, hormis les neurones et les cellules cardiaques, au renouvellement beaucoup plus lent. La durée de vie d'une cellule est variable : cinq jours pour une cellule de l'intestin, un mois pour une cellule de peau, trois mois pour un globule rouge [2]... Les cellules nous

---

1. Aurélie Rodrigues, « Nous sommes plus microbe qu'humain, mais ce n'est pas une mauvaise nouvelle », *Slate*, le 12 avril 2018.

2. « Pourquoi change-t-on de corps tous les quinze ans ? », *Le Figaro*, le 14 mai 2008.

maintiennent en vie, mais elles peuvent aussi nous tuer : les tumeurs, bénignes ou cancéreuses, sont des dérèglements de la division des cellules. Les cellules peuvent également générer des maladies auto-immunes, c'est-à-dire que les cellules chargées de l'immunité se mettent à attaquer d'autres cellules du corps en les considérant à tort comme des ennemies à combattre (c'est le cas de la sclérose en plaques ou de la polyarthrite rhumatoïde).

Le noyau de nos cellules, nous l'avons dit, contient notre information génétique. Celle-ci est inscrite dans les chromosomes. Chaque noyau contient 46 chromosomes répartis en 23 paires (chaque paire contient un chromosome venant du père et un autre venant de la mère, puisque l'ovule contient 23 chromosomes, tout comme le spermatozoïde). Les chromosomes sont composés d'ADN et de protéines, et des segments d'ADN forment les gènes. Les gènes déterminent comment les cellules vont se comporter au cours de leur existence. Le génome humain est constitué d'environ 20 000 gènes, soit à peu près autant que la vache et la poule, deux fois moins que le riz et cinq fois moins que... le blé tendre [1].

---

1. Camille Gévaudan, « Les 108 000 gènes du blé, la "Pokéball" des océans et les trouvailles caniculaires », *Libération*, le 19 août 2018.

Matière

Avant d'être un phénomène biologique, la vie est un phénomène chimique. Et la chimie distingue *matière vivante* (ou *organique*) et *matière minérale* (ou *inerte*). La matière vivante est à la fois ce qui compose nos muscles, notre cerveau ou les branches des arbres, mais c'est aussi la matière décomposée d'origine animale, végétale ou bactérienne. Ce sont des cadavres, des matières fécales, des feuilles ou des racines mortes : la matière organique est donc très présente dans nos sols. Le robot Curiosity a trouvé de la matière organique sur Mars, mais aucun organisme vivant n'a encore été identifié : il a pu y avoir de la vie sur cette planète voici plusieurs millions d'années, et il y en a peut-être aujourd'hui, d'autant qu'un lac d'eau liquide de 20 kilomètres de large, souterrain, vient d'y être découvert.

Matière vivante et matière minérale sont toutes deux constituées d'atomes, ces briques construites dans les étoiles [1]. La matière vivante est essentiellement composée d'atomes de carbone (C), d'hydrogène (H), d'oxygène (O)

---

1. Voir Aymeric Caron, *Antispéciste : réconcilier l'humain, l'animal, la nature*, Don Quichotte, 2016, p. 45.

et d'azote (N), tandis que les éléments qui dominent la matière minérale sont le silicium (Si), l'oxygène (O), le fer (Fe) et le magnésium (Mg). Ces atomes se combinent pour donner des molécules que l'on divise en deux catégories : les *molécules organiques* et les *molécules minérales*. En ce qui concerne les molécules organiques, on peut distinguer les lipides, les protides, les glucides et les acides nucléiques tels que les molécules d'ADN (acide désoxyribonucléique). Ces molécules organiques sont organisées autour de l'atome de carbone (mais il y a des exceptions comme le CO_2 et les carbonates CO_3, considérés comme des corps minéraux – oui, tout cela est bien complexe, j'en conviens). La matière vivante est composée à la fois de molécules minérales et de molécules organiques. L'eau, les gaz de notre atmosphère ou les roches sont donc des corps minéraux qui constituent de la matière inerte. Mais l'eau, molécule minérale, est également l'élément le plus présent chez les êtres vivants : elle nous constitue, humains, à 65 %. Ce qui signifie qu'un adulte de 80 kilos « contient » 50 kilos d'eau. Ce liquide nous apporte une partie des sels minéraux et des oligo-éléments dont nous avons besoin. L'eau, les sels minéraux et le dioxyde de carbone sont des éléments présents aussi bien dans les corps vivants et non-vivants. À noter que dans les corps vivants comme inertes, l'atome d'oxygène est le plus présent puisqu'il constitue la moitié des atomes des corps inertes et au moins deux tiers des atomes des corps vivants. Enfin, il faut noter le rôle primordial des macromolécules que sont les protéines : on leur doit la diversité du monde vivant, car elles jouent un rôle essentiel dans la manière dont les gènes s'expriment dans les cellules.

Les différentes expressions du vivant

Pour comprendre les différentes expressions du vivant aujourd'hui recensées sur notre planète, je vous propose de travailler un peu en vous plongeant dans un cahier d'exercices ludique et instructif.

Exercice 1 : définition du vivant biologique

Relevez dans le texte ci-dessous ce qui appartient au vivant et ce qui appartient au non-vivant.

Par un jour ensoleillé de printemps, Anouk se promène dans un champ d'herbes folles. La jeune fille croise un troupeau de vaches sorties de leur étable toute proche. Après les avoir saluées, Anouk s'éloigne et part ramasser quelques fleurs sauvages qu'elle mettra dans un vase dès qu'elle sera revenue chez elle. Pour se servir, Anouk fait danser ses mains dans les airs afin d'écarter les abeilles qui se nourrissent dans le parterre où elle a choisi de faire sa récolte. Son bouquet réuni, elle marche ensuite jusqu'à un petit ruisseau devant lequel elle décide de s'arrêter pour respirer l'instant. Une grosse pierre semblait l'attendre : elle fera office de tabouret. Elle reste assise de longues minutes, à observer sur la terre les fourmis qui contournent ses pieds. Puis elle se met à penser aux êtres chers qui se sont évaporés, en s'interrogeant sur le temps qui coule comme cette eau qu'elle fixe des yeux. Soudain de fines gouttes lui picorent le visage. En levant les yeux, elle voit les nuages qui se sont invités : la pluie arrive.

Solution :

Vivant : Anouk, herbes, vaches, fleurs, abeilles, fourmis.
Non-vivant : jour, étable, vase, air, ruisseau, pierre, terre, eau, gouttes, nuages, pluie.
Vivant et non-vivant : les êtres chers qui se sont évaporés.

Un humain est vivant. Une vache est vivante, une abeille est vivante, la fleur qu'elle butine est vivante mais le rocher n'est pas vivant, pas plus que l'eau ou l'humus, même si l'on peut *synecdochiquement* soutenir le contraire au sujet de ces deux derniers éléments, compte tenu de la vie qu'ils abritent. De la même manière, il est intellectuellement admissible de considérer la Terre comme un superorganisme vivant. Tel est le fondement des diverses *théories Gaia*, comme celle de James Lovelock. Un point de vue toutefois remis en cause par le biologiste Richard Dawkins, qui considère qu'un être vivant se définit entre autres en fonction d'une opposition à un milieu extérieur constitué de proies et de prédateurs, lequel fait évoluer l'organisme en question, ce qui n'est manifestement pas le cas de notre planète sauf à considérer que l'espace, avec son absence d'atmosphère, constitue cette hostilité. On peut encore objecter que la conception de la planète Terre comme organisme vivant provient d'une confusion sémantique entre écosystème et organisme. Les humains, par exemple, sont à la fois organismes et écosystèmes. De toute évidence, la planète est un gigantesque écosystème, qui repose sur l'assemblage d'une multitude d'écosystèmes de moindre taille. Il a même un nom : la biosphère. Mais cela en fait-il pour autant un organisme ?

Un organisme vivant, au sens biologique du terme, est défini comme *un organisme qui se développe, se maintient et se reproduit*. Un être vivant, contrairement à un objet inanimé, crée lui-même sa substance en puisant son énergie dans son milieu. L'être vivant possède donc un métabolisme, soit une capacité à se maintenir en vie en se nourrissant, en respirant, en échangeant de l'énergie. L'être vivant est autonome, ce qui implique que les transformations de cet organisme sont dues à son patrimoine génétique, et non à une intervention extérieure. Le sable siliceux ne devient verre que parce qu'il est chauffé par l'homme dans un four à 4 300 degrés Celsius, avec des additifs. En revanche un embryon humain, une chenille de papillon ou un bulbe de tulipe possèdent un programme interne qui va leur permettre de se transformer puis de grandir, et qui va aussi provoquer leur vieillissement.

La science chargée de nous dire ce qu'est le vivant s'appelle la *biologie* (en grec, βιος signifie « vie » et λοϒος, « science »). Elle comprend aujourd'hui énormément de disciplines telles que l'anatomie, l'embryologie, la psychologie, la physiologie, la botanique, la zoologie, l'anthropologie, la génétique, la microbiologie, l'écologie, l'éthologie, la sociologie et l'ensemble des sciences humaines et sociales, les mathématiques ou encore les neurosciences [1].

On est loin aujourd'hui de la conception aristotélicienne du vivant. Au IVe siècle avant J.-C., Aristote distinguait les êtres inanimés et les êtres animés en prêtant une ou plusieurs âmes à ces derniers. Le philosophe distinguait une âme *végétative*, une âme *sensitive* et une âme *intellective*. Il imaginait que les plantes possèdent seulement l'*âme végétative*, qui assure la nutrition et la reproduction ; que les animaux non humains possèdent quant à eux l'*âme végétative* ainsi que l'*âme sensitive* qui permet de ressentir le monde extérieur et de se mouvoir ; et que les humains possèdent non seulement l'*âme végétative* et l'*âme sensitive*, mais aussi l'*âme intellective* qui permet la réflexion. Aristote avait identifié le principe dynamique interne à toute forme de vivant qui consiste à se nourrir, à se développer et à

---

1. Alain Prochiantz, *Qu'est-ce que le vivant ?*, Seuil, 2012, p. 9.

mourir mais pour le reste, il était assez loin de la réalité. Après le développement de la microbiologie et la découverte du monde microscopique, sous l'impulsion de Louis Pasteur, l'apparition de la biologie moléculaire à partir des années 1950-1960 a révolutionné notre vision du vivant notamment en raison de la découverte de l'ADN et du décryptage généralisé du génome. Malgré (ou grâce à) ces incroyables avancées récentes, le vivant reste un domaine dont nous sommes loin d'avoir terminé l'exploration et la compréhension. Rendez-vous compte : on recense sur Terre aujourd'hui 270 000 espèces végétales et 1,5 million d'espèces animales. Mais on découvre chaque année 15 000 nouvelles espèces et une étude scientifique récente estime que la planète en abrite en réalité près de 9 millions. Des estimations antérieures évoquaient le double, voire même 100 millions d'espèces.

Encore faut-il que les scientifiques soient d'accord sur le fait que telle population représente bien une espèce distincte, ce qui n'est pas toujours évident à déterminer. Généralement, trois critères principaux sont retenus pour juger de l'appartenance d'un individu à une espèce : la morphologie, l'interfécondité et la génétique. Il est ainsi entendu que, pour que deux individus appartiennent à la même espèce, il faut qu'ils se ressemblent, qu'ils puissent se reproduire ensemble et qu'ils engendrent une descendance féconde. Mais ces critères ne fonctionnent pas pour les microbes, dont les espèces sont établies en fonction de similitudes génétiques. La gêne, ici, est intéressante à noter car on s'aperçoit que si nous déterminions les espèces animales de la même manière que les espèces microbiennes, presque tous les mammifères appartiendraient à la même espèce [1].

---

1. *Étonnant vivant*, *op. cit.*, p. 92.

Le biologiste Pierre-Henri Gouyon, professeur au Muséum national d'histoire naturelle de Paris, explique l'embarras autour du concept d' « espèce ». Selon lui, ce terme est communément mal usité et, surtout, il est en réalité très flou : « Les gens vont dire qu'il y a plusieurs espèces de pommier alors que les pommiers appartiennent tous à la même espèce. Mais il y a différentes variétés ou différentes races de pommier. Les gens vont parler de la grenouille comme d'une espèce alors qu'il y a des centaines d'espèces de grenouilles. [...] Il n'y a pas de vrais critères pour savoir ce qu'est une espèce. On aimerait bien que les espèces ne puissent pas se croiser entre elles mais en réalité très souvent elles le peuvent, chez les plantes, c'est très courant, et maintenant on a constaté que même les lions et le tigres peuvent se croiser entre eux et que leurs descendants sont fertiles [...] [l'espèce], c'est un peu abstrait. Sincèrement je pense qu'on ne devrait pas se focaliser sur l'espèce [pour décrire] la biodiversité [1] ».

S'il faut donc rester prudent dans l'utilisation de ce mot, il n'en demeure pas moins vrai que l'espèce est le taxon de base [2] de la hiérarchie taxonomique classique du vivant qui s'établit ainsi :

Monde vivant → domaine → règne → embranchement → classe → ordre → famille → genre → espèce.

---

1. https://www.reseau-canope.fr/corpus/video/qu-est-ce-qu-une-espece-88.html.
2. Un taxon est une entité d'êtres vivants ayant en commun certaines caractéristiques qui les rendent parentes.

Exercice 2 : la classification du vivant

Vous savez que vous êtes un être humain. Mais que connaissez-vous de plus de votre identité biologique ? Veuillez compléter ce tableau en indiquant le nom des différents taxons auxquels vous appartenez (pour vous aider une réponse est fournie) :

Domaine : ....

Règne : ....

Embranchement : ....

Classe : ....

Ordre : ....

Famille : ....

Genre : *Homo.*

Espèce : ....

Solution :

Domaine : *eucaryote.* Règne : *animal.* Embranchement : *chordé.* Classe : *mammifère.* Ordre : *primate.* Famille : *hominidé.* Genre : *Homo.* Espèce : *Homo sapiens.*

Sauriez-vous vous définir au sein de la famille du vivant ? Si l'on vous pose cette question, vous répondrez que vous êtes, au choix, un homme ou une femme, et donc un humain ou une humaine. Certains d'entre vous accepteront de reconnaître qu'ils sont des animaux, en l'occurrence des vertébrés. Mais encore ? Auriez-vous l'intuition de répondre que vous êtes un eucaryote, un tétrapode, un amniote, un mammifère, un hominoïde, un hominidé et un homininé ? Et pourtant, c'est la stricte vérité. Sans connaître notre carte d'identité, et sans l'assumer, on ne peut comprendre notre lien profond avec l'ensemble des espèces vivantes ni nos devoirs à leur égard.

La classification classique du vivant, que l'on doit essentiellement au naturaliste suédois Carl von Linné au XVIIIe siècle, est aujourd'hui dépassée. Elle repose en grande partie sur des ressemblances physiques entre les espèces et consiste en un arbre dont la plus haute branche est attribuée à l'homme. Ce point de vue n'est plus d'actualité. Pire : il est erroné et trompeur.

Les scientifiques ne cessent de s'interroger sur la meilleure manière de classer les espèces, et rien n'est figé dans ce domaine qui comporte une foultitude de sous-catégories. Il est toutefois admis par la majorité que la classification actuellement la plus pertinente est la classification *phylogénétique*, laquelle se présente sous forme de cercle aux innombrables ramifications internes qui expriment les liens de parenté des espèces. Cette classification qui s'est développée après la Seconde Guerre mondiale sous l'impulsion du biologiste allemand Willi Hennig, s'appuie sur l'histoire de l'évolution, de la sélection naturelle et sur la génétique, contrairement à la classification de Linné, lequel était créationniste et imaginait que toutes les espèces étaient apparues en même temps, sans connexion entre elles. La classification moderne établit ainsi des parentés entre des espèces que la classification classique ne permet pas. Elle permet de rendre compte du fait que la nageoire des poissons, par exemple, s'est transformée en jambes chez les humains. Elle montre que les oiseaux sont les descendants des dinosaures ainsi que les plus proches parents vivants des crocodiles. La phylogénie, qui entend raconter l'histoire de la vie sur Terre depuis ses débuts, fonctionne par *clades*, qui comprennent tous les descendants d'un ancêtre et cet ancêtre lui-même.

La classification phylogénétique modifie profondément notre rapport au vivant car elle abandonne les idées de hiérarchie et de supériorité de l'espèce humaine. Elle donne à voir le vivant dans sa réalité génétique, imbriquant les espèces les unes dans les autres, mettant à jour leur proximité historique, et leur accordant à toutes une place égale. Ce cercle du vivant est extrêmement complexe à réaliser (et à lire) en raison des millions d'espèces qu'il doit inclure et des quantités incommensurables d'informations à traiter pour chacune d'entre elles. Ce travail a donc été confié à des ordinateurs, qui ne tombent d'ailleurs pas tous d'accord sur les résultats. À ce jour, plus de 2 millions d'organismes vivants ont été reliés entre eux dans un grand cercle au centre duquel se situe LUCA, *Last Universal Common Ancestor* (Dernier Ancêtre Commun Universel), autrement dit l'ancêtre commun à toutes les formes de vivant qui ont vu le jour sur cette planète, et donc une cellule complexe.

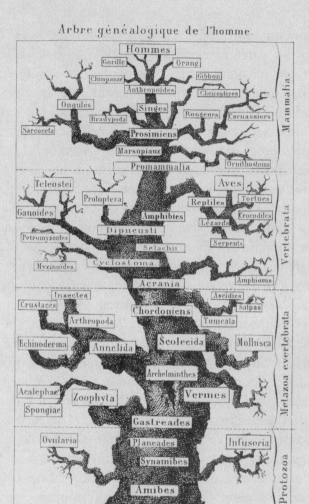

Arbre de l'évolution qui figure dans le livre d'Ernst Haeckel,
L'Évolution de l'Homme, 1879.

Ce type de classement laisse penser que l'Homme, au sommet de l'arbre, est
l'aboutissement de l'évolution. Il propage l'idée que l'Humain est supérieur aux
autres mammifères, lesquels sont supérieurs aux autres vertébrés, eux-mêmes supérieurs aux invertébrés, et ainsi de suite.

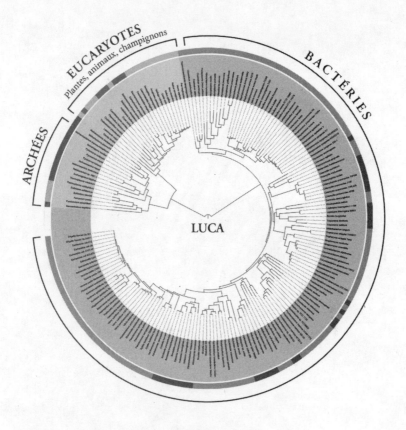

Arbre phylogénétique en cercle reposant sur le séquençage des génomes des espèces, tel que réalisé en 2006. Au centre, LUCA, *Last Universal Common Ancestor*, être vivant apparu il y a quelques milliards d'années, dont découlent tous les autres. Cet arbre circulaire permet de constater que la plus grande diversité génétique se trouve chez les bactéries qui constituent l'essentiel de l'histoire du vivant[1].

---

1. Planet-terre.ens-lyon.fr, « Comment et pourquoi représenter l'arbre phylogénétique du vivant ? La réponse du Musée des Confluences de Lyon », Pierre Thomas, avril 2015, fig. 13. L'ensemble de l'arbre est consultable sur itol.embl.de.

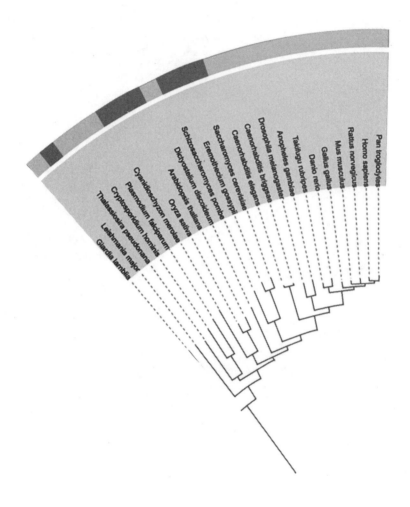

Zoom de l'arbre phylogénétique sur les eucaryotes.
Homo sapiens est situé complétement à droite, juste à côté des *Pan Troglodytes*, autrement dit les chimpanzés. L'arbre permet de constater la séparation des deux espèces il y a 7 millions d'années environ. À gauche d'*Homo sapiens*, nos voisins sont *Rattus norvegicus* (un rat), puis *Mus musculus* (une souris) et *Gallus gallus* (un coq).

Exercice 3 : domaines et règnes

De vous-même, vous diriez que vous êtes plutôt :

1. A. Autotrophe.
   B. Hétérotrophe.
   C. Ni l'un ni l'autre.

2. A. Protostomien.
   B. Métastomien.
   C. Deutérostomien.

3. A. Métazoaire.
   B. Protozoaire.
   C. Mycétozoaire.

4. A. Multicellulaire.
   B. Exocellulaire.
   C. Unicellulaire.

Solution :

1 B ; 2 C ; 3 A ; 4 A.

Chez les animaux bilatériens dont nous faisons partie, les deutérostomiens se singularisent lors de l'embryogenèse par la formation de l'anus en premier, avant la bouche, contrairement aux protostomiens. Pour les autres termes, voir la suite de ce chapitre.

Longtemps, le vivant a été scindé en deux mondes uniques : le végétal et l'animal. Cette classification binaire, qui était celle de Linné, reste la plus répandue dans l'opinion. Mais elle est insuffisante. Aujourd'hui, la classification phylogénétique scinde le vivant en trois *domaines* qui représentent le plus haut niveau de différenciation :

1. Les *eucaryotes*, êtres unicellulaires ou multicellulaires composés par des cellules qui ont un noyau contenant l'ADN. Les plantes et les animaux (et donc vous, cher lecteur) font partie de cette catégorie. Tout le vivant complexe et grand est eucaryote.

2. Les *bactéries*, micro-organismes unicellulaires *procaryotes* d'une taille qui environne le micron. Le terme « procaryote » indique que la cellule n'a pas de noyau.

3. Les *archées*, autres micro-organismes unicellulaires procaryotes, distincts des bactéries en raison d'un fonctionnement moléculaire qui les rapproche des eucaryotes.

Retenez bien le principe de ces trois domaines (ou « empires »), qui est la base de travail des chercheurs aujourd'hui. Malgré les différenciations très nettes qu'il établit entre les différents organismes, on découvre également des liens qui ne font que renforcer la certitude de l'unité du vivant. Ainsi, comme l'affirment les chercheurs du CNRS, « les eucaryotes sont issus de la fusion de cellules archées et bactéries », et ces bactéries « ont produit la mitochondrie de la cellule eucaryote » [1]. Explication : la mitochondrie, un organite qui assure à la cellule son approvisionnement en énergie, est apparentée à une bactérie. Elle se serait établie à l'intérieur d'un hôte apparenté à une archée.

---

1. *Étonnant vivant, op. cit.*, p. 88.

Il est aussi d'usage de trier le vivant en fonction de ses *règnes*, dont le nombre n'a cessé d'évoluer au cours des siècles derniers et sur lequel les scientifiques ne sont toujours pas d'accord entre eux. Selon le classement choisi, le nombre de règnes varie donc de cinq à huit. Voici, par exemple, la nomenclature proposée en 1969 par le botaniste américain Robert Harding Whittaker, qui repose sur l'organisation cellulaire des organismes concernés ainsi que sur leur manière de se nourrir (par photosynthèse, par absorption ou par ingestion), et qui distingue cinq règnes :
- végétal ;
- animal ;
- mycète ;
- protiste ;
- monère.

Les *animaux* et les *végétaux*, on voit à peu près ce que c'est. Mais ces catégories réservent tout de même des surprises. Ainsi les éponges et les coraux sont classés parmi les animaux, alors que notre intuition les rangerait plutôt du côté des végétaux. A contrario, des plantes carnivores, qui semblent refermer leur mâchoire sur des insectes, nous rappellent les animaux. Dans l'étude du vivant, on ne peut pas se fier uniquement aux apparences. Voici ce qui distingue les deux catégories d'un point de vue biologique : les animaux sont des organismes eucaryotes (avec des cellules à noyau) pluricellulaires *hétérotrophes*, tandis que les végétaux sont des eucaryotes pluricellulaires photosynthétiques et donc *autotrophes*. Petite explication : sont dits *hétérotrophes* les organismes qui n'arrivent pas à synthétiser eux-mêmes leurs composants et qui ont donc recours à des sources organiques externes pour se nourrir. En clair, ils mangent d'autres êtres vivants. En revanche les organismes capables de tirer leur énergie de la lumière via la photosynthèse sont appelés *autotrophes* : eux ne prélèvent aucune vie et tirent leur énergie d'opérations chimiques réalisées à partir des éléments qu'offre la nature. La lumière permet donc la formation de la matière organique à partir de la matière minérale.

Il existe ceci dit des végétaux hétérotrophes, qui ne réalisent pas la photosynthèse, tels la cuscute, une plante parasite dont la tige en filament s'entoure comme un fin serpent autour d'un végétal hôte et aspire la sève de celui-ci à l'aide de suçoirs. Le gui quant à lui est semi-parasite, qui possède la capacité de réaliser la photosynthèse mais n'a pas de racines et puise lui aussi la sève d'un hôte.

Les *mycètes* sont plus connus sous le nom de « champignons ». Contrairement à l'idée encore en cours, les champignons ne sont pas des végétaux puisqu'ils ne se nourrissent pas par photosynthèse mais sont hétérotrophes : ils se nourrissent par absorption. Les champignons constituent une famille encore méconnue : on estime que 99 % d'entre eux restent à découvrir. Leur taille varie de l'invisible à plusieurs kilomètres et on les divise en deux groupes : les champignons proches des animaux et ceux qui sont proches des algues.

Les *protistes* regroupent les micro-organismes simples, eucaryotes et unicellulaires. On compte parmi les protistes les *protozoaires* (étymologiquement : « premiers animaux »), qui sont des animaux unicellulaires vivant dans l'eau, des milieux humides ou à l'intérieur des organismes. Il s'agit par exemple des *amibes* et des *paramécies*, qui utilisent des cils pour se déplacer et se nourrir de bactéries. On leur doit des maladies humaines comme la malaria et des formes de dysenteries. Les protozoaires sont opposés aux *métazoaires* qui désignent quant à eux les animaux, composés de cellules nombreuses et différenciées. Dans le règne des protistes, la distinction entre organisme animal et végétal n'a que peu d'importance.

Quant aux *monères*, ce sont des micro-organismes unicellulaires primitifs *procaryotes*, c'est-à-dire qu'ils ne possèdent pas de noyau : ce sont les *bactéries*, les plus vieux des êtres vivants.

Exercice 4 : bactéries et virus

*Pour chacune de ces maladies, veuillez préciser si
sa cause est une bactérie ou un virus :*

A. Grippe.

B. Peste.

C. Pneumonie.

D. Ebola.

E. Rougeole.

F. Salmonellose.

G. Rhume.

H. Choléra.

I. Tuberculose.

J. Rage.

K. Angine.

L. Syphilis.

M. Gastro-entérite.

Solution :

A. Grippe, *virus.* B. Peste, *bactérie.* C. Pneumonie, *bactérie ou virus.*
D. Ebola, *virus.* E. Rougeole, *virus.* F. Salmonellose, *bactérie.*
G. Rhume, *virus.* H. Choléra, *bactérie.* I. Tuberculose, *bactérie.*
J. Rage, *virus.* K. Angine, *bactérie ou virus.* L. Syphilis, *bactérie.*
M. Gastro-entérite, *virus.*

On confond parfois les virus avec les bactéries. Pourtant ils n'ont rien à voir, si ce n'est que ce sont tous deux des microbes, c'est-à-dire des micro-organismes invisibles à l'œil nu, et qu'ils peuvent l'un et l'autre nous rendre malades. Le virus est un parasite. On estime qu'il en existe 100 millions de types, aux formes diverses. On peut rencontrer des virus ronds, allongés, en forme de bâtonnets, de roue, ou encore des virus qui ressemblent à une grosse boule garnie de picots, un peu comme une mine marine allemande de la Seconde Guerre mondiale. Pasteur a découvert le vaccin contre le virus de la rage sans avoir jamais aperçu ce dernier. Impossible de l'observer à l'époque. Il a fallu pour cela attendre les années 1960 et l'invention du microscope électronique.

Un virus est composé d'une coque faite de protéines (les protéines sont des molécules biologiques essentielles à la diversité du vivant, nous l'avons vu un peu plus haut), qui dispose à l'intérieur de matériel génétique ADN ou ARN, et donc d'un génome. Le virus a besoin de « violer » une cellule hôte pour se multiplier. Il se colle à la membrane d'une cellule, pénètre à l'intérieur et libère son patrimoine génétique. Le virus profite des mécanismes de la cellule pour obliger celle-ci à composer des centaines de copies de l'intrus. Pendant qu'elle est occupée à produire des bébés virus à la chaîne, elle n'a plus la possibilité d'assurer ses fonctions vitales. Elle finit par mourir envahie de l'intérieur. Il est très difficile de combattre un virus sans tuer la cellule où il s'est installé. Les virus ont causé des morts à la pelle dans l'histoire de l'humanité. Quelques exemples :

– 1918 : la grippe espagnole fait 40 millions de morts (50 à 100 millions de morts selon certaines estimations).

– 1957 : la grippe asiatique fait 1 million de morts.

– 1968 : la grippe de Hong Kong fait 1 million de morts.

– années 1980 à aujourd'hui : le virus du sida fait près de 40 millions de morts [1].
– 2009 : le virus H1N1 fait 15 000 morts.

Les antibiotiques sont efficaces contre les bactéries, mais ne servent à rien contre les virus. Face à la grippe, par exemple, la vitamine C et la patience sont les seuls médicaments possibles pour aider le système immunitaire. Contre les virus, en revanche, il existe les vaccins. Savez-vous d'ailleurs que ce mot vient du latin *vacca* qui signifie « vache » ? En effet, le premier vaccin qui ait officiellement été mis au point, au XVIIIe siècle, était le vaccin contre la variole. Or il a été fabriqué à partir du virus de la vaccine, une maladie infectieuse des vaches et des chevaux.

Longtemps les virus n'ont pas été considérés comme des organismes vivants, mais l'opinion inverse est aujourd'hui largement défendue – je vous avais prévenu, les sciences du vivant sont complexes et brassent les incertitudes. En effet, un virus ne grandit pas, ne respire pas, ne se déplace pas tout seul, il ne peut pas se reproduire seul, contrairement à la cellule. Il est entendu en principe que tout être vivant présente l'autonomie parmi ses caractéristiques, et n'a donc besoin que de lui-même et d'un congénère de la même espèce pour se reproduire. Ce n'est pas le cas des virus. Il n'empêche, les virus parviennent à se multiplier et à évoluer en s'adaptant aux conditions environnementales. On a par ailleurs découvert récemment que des virus peuvent en infecter d'autres, et donc les rendre malades. S'ils peuvent être malades, c'est donc qu'ils sont bien vivants, soutiennent certains biologistes.

---

1. « Sida : pourra-t-on "mettre fin à l'épidémie" », *Le Monde*, le 16 juillet 2014.

Et les bactéries dans tout ça ? Elles aussi ont plusieurs morphologies possibles, souvent en forme de bâtonnets (on les appelle *bacilles*) ou de sphères (elles sont alors dénommées *cocci*). Certaines ressemblent ainsi à des Tic-Tac poilus avec une longue queue. Elles se reproduisent seules, par division cellulaire, à raison d'une division toutes les vingt minutes. Certaines bactéries sont dangereuses pour notre organisme, comme *Listeria monocytogenes*, *Legionella*, certaines espèces *Clostridium* ou *Escherichia coli*. On dit qu'elles sont *pathogènes*. En revanche, la majorité des bactéries ne présente aucun danger pour les organismes qu'elles habitent en se nourrissant de matières mortes. On les appelle alors *saprophytes*. Les bactéries sont présentes partout : sur le sol, les objets, dans l'eau, dans l'air, dans notre corps… Toute l'histoire de la vie démarre avec ces micro-organismes dont nous sommes les descendants. Oui, notre ancêtre commun à tous est un être unicellulaire microscopique apparu il y a près de 4 milliards d'années. Pensez-y le matin, quand vous vous regardez dans le miroir. Modestie.

Mon œil

« Sur une échelle de 1 à 10, à combien estimez-vous votre douleur ? » me demande protocolairement l'infirmière. Étrange question. Je n'en sais rien, moi. Elle veut dire quoi, cette échelle ? À quoi correspond 10 ? Ce chiffre désigne-t-il le moment où la douleur est si terrible qu'on serait prêt à mourir pour qu'elle s'arrête ? Mais si elle était à 10, la douleur, je ne serais pas là, tranquillement assis sur cette chaise, à discuter de la note que je pourrais bien lui attribuer. Comment puis-je juger de l'intensité relative de ma douleur si je n'ai jamais souffert le martyre, donc si je ne sais pas de quoi est capable la douleur ? Par ailleurs, une douleur, ou une souffrance, c'est subjectif. Certains l'endurent mieux que d'autres. En tout cas, oui, j'ai mal, un peu. Suffisamment pour que cela m'empêche de dormir. Mais pas assez pour m'empêcher de conduire et de venir ce matin aux urgences.

Je suis ici car mon œil gauche me fait souffrir depuis qu'une branche d'arbre a essayé de le transpercer. Oui, les arbres sont parfois agressifs. Ou alors les humains sont parfois maladroits, au choix. Bref, j'ai mal à l'œil depuis hier, au point que je ne l'ai pas fermé de la nuit. Ou plutôt si, je l'ai fermé, mais pour aussitôt éprouver une sensation de griffure en continu, comme celle que provoquerait un grain de sable se baladant sur mon globe oculaire et le rayant sur toute sa surface. D'abord dérangeante, puis désagréable, la sensation s'est peu à peu transformée en douleur tolérable mais empêchant toute concentration.

J'ai finalement attribué un 5 à cette douleur, parce qu'il fallait bien dire quelque chose à la gentille infirmière. Un médecin est venu, a constaté que ma cornée avait été abîmée par mon agresseur végétal, il a versé dessus quelques gouttes d'un produit anesthésiant et soudain, miracle, le calme est revenu sur ma pupille et tout autour. En l'espace de quelques secondes, le silence s'est réinstallé dans mon corps, me rappelant la félicité d'une chair qui ne se plaint pas.

N'est-ce pas l'un de nos souhaits et de nos droits les plus profonds, que de ne pas souffrir ? Je crois que hormis certains masochistes, tous les humains s'accordent sur ce point, quelles que soient leurs croyances politiques ou culturelles : la douleur non consentie est insupportable. Regardez comme nous sommes – en principe – prévenants à l'égard d'une personne qui souffre : nous sentons l'obligation morale de la soulager ou de l'aider. À tel point que nous avons judiciarisé la douleur. Toute agression physique sur un humain est susceptible de donner lieu à des poursuites pénales contre celui qui en est l'auteur.

Certes, la torture existe, essentiellement dans des situations de guerre ou de banditisme. Il se trouve des hommes ou des femmes qui provoquent volontairement une douleur intense chez d'autres hommes et d'autres femmes afin d'en retirer un bénéfice, comme un renseignement, ou simplement par plaisir ou vengeance. Frapper à coups de poing, de bâton, de câble électrique, de barre de fer, de matraque, de fouet, suspendre dans les airs par les poignets ou les chevilles, administrer des décharges électriques en différents endroits du corps, comme les parties génitales, étouffer, noyer, arracher des ongles, casser des dents, violer... L'être humain redouble d'imagination et de raffinement pour faire subir le martyre à son prochain.

Souvent pratiquée, la torture est pourtant, d'après nos critères moraux actuels confirmés dans de nombreux textes internationaux, interdite. L'article 5 de la Déclaration universelle des droits de l'homme de 1948 stipule ainsi que : « Nul ne sera soumis à la torture, ni à des peines ou traitements cruels, inhumains ou dégradants. » La convention des Nations unies contre la torture, rédigée en 1984, stipule dans son article 2 qu'« aucune circonstance exceptionnelle, quelle qu'elle soit, qu'il s'agisse de l'état de guerre ou de menace de guerre, d'instabilité politique intérieure ou de tout autre état d'exception, ne peut être invoquée pour justifier la torture ». Le rejet de la torture est bien évidemment confirmé par les conventions de Genève qui condamnent « les atteintes portées à la vie et à l'intégrité corporelle, notamment [...] les mutilations, les traitements cruels, tortures et supplices [...] ». Les droits de l'homme et le droit humanitaire s'accordent donc à considérer que ceux qui se livrent à ce genre de pratique s'excluent du cercle de l'humanité. Et ils n'ont aucune excuse.

Il convient de traiter à part la problématique morale que soulève la question de la torture utilisée dans l'espoir d'obtenir une information destinée à sauver des vies. Imaginons que des forces de sécurité aient arrêté un terroriste dont elles savent qu'il a posé quelque part dans la ville une bombe qui doit exploser dans les prochaines heures, mais qu'elles ignorent la localisation exacte de l'engin. Il faut, pour éviter un carnage, que le terroriste révèle l'endroit où il a installé son dispositif, et la torture peut être le seul moyen de le faire parler. Ne se justifie-t-elle pas dans ce cas précis ? Encore faut-il que cette méthode soit efficace. Si le type est un fanatique surdéterminé, on peut l'imaginer capable d'endurer les pires souffrances pour exécuter son projet. On peut inclure d'autres paramètres qui rendent la réflexion plus complexe : si le prisonnier que l'on torture est lui-même un ancien tortionnaire qui a violenté des dizaines d'innocents, son sort n'est-il pas plus acceptable ? Je ne souhaite pas développer et trancher ici ces questions éthiques épineuses. Ce qui m'intéresse d'abord, c'est le constat indiscutable que la torture d'un innocent est une barbarie indigne d'une société évoluée. Et si cet innocent n'appartient pas à l'espèce humaine, la torture qu'on lui inflige n'en est pas moins barbare.

Égorgement sans étourdissement, fracassage de crâne, plantage de banderilles, émasculation à vif, gavage forcé, trépanation et fixation d'implants permanents sur le cerveau, piégeage dans des mâchoires en acier qui brisent les os, arrachage des plumes ou des poils sans anesthésie, suffocation, dépeçage à vif pour récupérer la fourrure : ces pratiques courantes concernent des vaches, des moutons, des phoques, des taureaux, des cochons, des canards, des oies, des singes, des renards, des loups, des lapins, des poissons ou des chiens viverrins. Tiens, sur une échelle de 1 à 10, monsieur le chien viverrin, à combien estimeriez-vous la douleur que vous ressentez alors que votre chair est transpercée par un couteau qui déchire sur toute sa longueur votre peau ornée de fourrure, laquelle est arrachée des muscles comme une vulgaire pelure d'orange, avant que vous finissiez agonisant sur un tas d'autres victimes respirant encore en attendant que la mort les libère de l'insoutenable ? Oui, ami lecteur, voici comment est prélevée la fourrure qui termine sur vos manteaux. Comment ?

Mais ce genre de cruauté n'est-elle pas interdite ? Pas en Chine en tout cas. Et ça ne se passe pas beaucoup mieux ailleurs.

Puis-je encore me plaindre de mon bobo à l'œil ? Ou d'une rage de dents ? Ou d'un mal de tête ? Allons, un peu de décence. Nous sommes, nous humains, des petites chochottes, des privilégiés du vivant, qui passons tranquillement notre vie à l'abri de la douleur. Et lorsque tout de même elle nous rattrape, nous disposons de médicaments qui nous soulagent en général avec efficacité. Des médocs que nous avons obtenus comment ? Notamment en martyrisant des animaux dans des laboratoires. Nous en avons sacrifié des milliards, souvent inutilement d'ailleurs, pour notre confort. Pour nous la souffrance de ces souris, rats, lapins, singes, chats, chiens ou oiseaux ne compte pas. On peut la multiplier à l'infini, tant qu'elle permet d'atténuer la nôtre.

— *Ah oui, mais ça, c'était avant…*

— Avant quoi ?

— *Avant qu'il y ait de nouvelles règles pour encadrer l'expérimentation animale… Aujourd'hui tout est fait pour éviter de faire souffrir des animaux dans les laboratoires. Vous connaissez l'article R. 214-87 du Code rural français ? Il stipule que les expériences sur les animaux ne sont autorisées que si « elles revêtent un caractère de nécessité et que ne puissent utilement y être substituées d'autres méthodes expérimentales ». En France l'utilisation de primates, comme les macaques, est restreinte et celle des grands singes, comme les chimpanzés, est interdite – et c'est le cas dans toute l'Europe d'ailleurs. Par ailleurs, les animaux doivent être anesthésiés pour éviter la douleur…*

— Et si l'étude porte, justement, sur la douleur ?

— *Euh… Disons qu'il y a des cas où… Enfin… Des dérogations… Lorsqu'on ne peut pas faire autrement… Bon, c'est compliqué parfois… Mais vous savez qu'en Europe a été adopté le principe des 3 R…*

— Oui, je sais : Substitution (« *Replacement* », en anglais), Réduction, Amélioration (« *Refinement* »).

— *Exactement. La loi impose de chercher à remplacer au maximum les expériences sur des animaux par des méthodes alternatives (substitution), de réduire au maximum le nombre d'animaux utilisés (réduction), et d'améliorer le bien-être animal en diminuant le stress ou la douleur (amélioration). Les 3 R ont permis de diminuer considérablement le nombre d'animaux utilisés. Les tests sur les animaux pour les cosmétiques ont d'ailleurs été carrément interdits en Europe en 2013.*

— Oui et cela a forcé les industriels à trouver d'autres solutions pour vérifier la toxicité de leurs produits, et ils y sont parvenus, preuve que les méthodes alternatives existent, pour peu qu'on se donne les moyens de les développer.

— *La Commission européenne s'en occupe : entre 2012 et 2016, elle a investi 40 millions d'euros par an pour faire avancer les recherches sur les méthodes alternatives à l'expérimentation animale*[1].

— Fort bien ! Mais elle peut faire mieux encore, d'autant que la directive sur les produits chimiques appelée REACH, en vigueur depuis dix ans, a eu pour conséquence de multiplier les tests pour vérifier la nocivité des

---

1. Communication de la Commission : Rapport général de la Commission sur le fonctionnement du règlement REACH et révision de certains éléments, « Dix ans de règlement REACH : des produits chimiques plus sûrs pour les consommateurs, les travailleurs et l'environnement », Commission européenne, Base de données des communiqués de presse, le 5 mars 2018.

substances. Par ailleurs, expliquez-moi pourquoi en France, en Angleterre ou ailleurs, les étudiants continuent à découper des grenouilles, des rats, des lapins ou des souris pendant leurs cours ? Quelle est l'utilité ? La vérité, c'est qu'en France, en Europe, et plus encore dans le reste du monde, on continue à sacrifier inutilement un très grand nombre d'animaux au nom de la science. Plus de 2 millions d'animaux sont tués dans les laboratoires français chaque année et 12 millions en Europe…

— *Sans doute peut-on diminuer encore ce nombre, vous avez raison. Mais l'expérimentation sur les animaux est néanmoins nécessaire. C'est grâce à elle que nous parvenons à guérir nombre de maladies qui nous touchent après avoir testé des antibiotiques ou des vaccins sur des singes par exemple. N'êtes-vous pas heureux vous-mêmes de pouvoir prendre des médicaments lorsque vous êtes malade ? Vous jouez l'indigné, mais si vous êtes atteint d'un cancer – je ne vous le souhaite pas évidemment –, vous serez bien heureux que la science prolonge ou sauve votre vie grâce aux découvertes qu'aura permis le sacrifice de quelques animaux !*

— D'abord, la grande majorité des cancers ont des causes environnementales, comme la pollution, la nourriture, le tabac, l'alcool… Notre priorité devrait être l'élimination de ces causes. Mais sur ce sujet, les gouvernements sont bien silencieux. Il est vrai que traiter une maladie plutôt que l'empêcher permet de faire tourner les laboratoires pharmaceutiques. Ensuite, des chercheurs eux-mêmes dénoncent l'inutilité de la recherche sur les animaux non humains. Ils soulignent que les organismes d'individus d'espèces différentes ne réagissent pas pareil, ce qui rend les résultats des expériences sur les non-humains peu fiables. À côté de l'expérimentation animale, l'épidémiologie et l'observation clinique, ainsi que le hasard, sont à l'origine de nombre de découvertes qui ont fait avancer la médecine. Il faut aujourd'hui se concentrer sur les méthodes de substitution : expériences in vitro, ingénierie tissulaire, cellules souches, modélisation informatique, puces à ADN ou impression biologique en 3D. Rien ne justifie que nous sacrifions ou torturions un animal non humain.

— *Si l'on peut sauver un humain en sacrifiant mille souris, je ne vois pas pourquoi nous nous en priverions...*

— Parce que nous n'avons aucun droit moral à le faire. Chacune de ces souris que vous voulez sacrifier tient autant à sa vie que vous tenez à la vôtre. Rien ne vous autorise donc à ôter à ce rongeur son bien le plus précieux. Rien, si ce n'est un sentiment de toute-puissance qui vous rapetisse par sa stupidité.

— *Il est un peu facile de jouer les moralisateurs et les sauveurs du monde animal. Mais si l'on devait sacrifier un singe pour sauver vingt ans de votre vie, je pense que vous la ramèneriez moins !*

— Vous proposez un dilemme moral quelque peu ridicule, car votre énoncé ne donne aucune information de contextualisation. Quelle situation pourrait m'amener à un tel choix ? Avant de vous répondre, je vous propose moi aussi une expérience de pensée : imaginez que vous avez le choix, pour pratiquer un test de vivisection, entre votre chien et un assassin en série qui a violé et démembré des enfants. Lequel des deux choisissez-vous ?

— *Mais... C'est-à-dire que...*

— Vous semble-t-il plus juste que votre chien soit charcuté pour la science, ou que ce soit un monstre, humain, qui prenne sa place ?

— *Je ne supporterais pas qu'on fasse du mal à mon chien, évidemment ! Mais comment osez-vous évoquer la possibilité de pratiquer la vivisection sur des hommes, aussi horribles soient-ils ? Cela nous ramène à l'idéologie nazie !*

— Ou aux Grecs. Au IIIe siècle avant J.-C., Hérophile et Érasistrate pratiquaient des expériences sur des criminels, vivants, qu'ils faisaient sortir de prison. Les médecins de l'école dogmatique soutenaient la vivisection humaine [1]. La question que je vous pose vous gêne car au fond de vous-même, vous savez que vous préférez sacrifier le violeur sadique plutôt que votre chien. Vous savez que c'est plus juste, d'un pur point de vue moral. Mais vous avez peur de l'avouer. Pourtant cette intuition qui est la vôtre, et celle de nombreux lecteurs, doit vous faire réfléchir sur l'ignominie de ce que nous faisons subir à des êtres innocents qui n'ont pas mérité leur sort. En ce qui me concerne, et pour répondre à votre question, j'affirme que plus aucun animal non humain ne doit être tué ou torturé au nom de la science. Je ne sais pas quels progrès réels découlent de ces sacrifices, et je m'en fiche. Je me contenterai de profiter des avancées offertes par toutes les autres méthodes de recherche. Eh oui, je suis prêt à sacrifier quelques années de ma vie plutôt que de gagner ces années sur le calvaire de milliers de rats, de souris, de singes, de chiens ou que sais-je encore. C'est le choix de ma conscience, cette étrange faculté qui nous rend sensibles au mal et qui nous permet de le propager ou au contraire de le combattre.

---

1. Simon Byl, « Controverses antiques autour de la dissection et de la vivisection », *Revue belge de philologie et d'histoire*, 1997, p. 113-120.

Conscience

La conscience est une invention tardive du vivant, qui soudain s'éloigne des lois physiques et chimiques telles que nous pouvons les comprendre. Les différentes classifications du vivant ignorent ce critère qui, pourtant, a des répercussions essentielles sur celui qui en est doté. Il serait judicieux de départager les espèces qui en sont pourvues et les autres : cela aurait une utilité morale et juridique. Peut-être cette différenciation sera-t-elle officiellement effectuée un jour, afin de soutenir et compléter des textes de loi défendant le vivant. Nous en sommes encore loin. La législation française évoque aujourd'hui la « sensibilité » des animaux [1], terme imparfait puisque les végétaux sont eux-mêmes sensibles, comme nous allons le voir dans quelques instants. La distinction entre vivant conscient et vivant inconscient s'effectue à la louche dans l'opinion, au gré des certitudes plus ou moins argumentées des uns et des autres. Une majorité écrasante se dégage pour affirmer que les animaux sont conscients, et que les végétaux ne le sont

---

1. Depuis 2015, l'animal est considéré dans le Code civil comme « un être vivant doué de sensibilité ».

pas. Mais la réalité est plus complexe, à l'image de la complexité du vivant que nous avons explorée dans les pages précédentes.

La nature a créé la matière inerte, puis la matière vivante, elle a inventé un principe d'allumage du processus vital de la matière vivante et elle a plus tard introduit ce nouvel élément déterminant qu'est la conscience. Pourquoi donc ? Impossible à dire pour l'instant avec certitude. L'hypothèse la plus tentante est que la conscience est un outil ayant surgi des expériences de l'évolution pour donner un avantage de survie aux espèces. Elle serait apparue pour permettre aux organismes de synthétiser les informations fournies par leurs différents capteurs, de les confronter et d'imaginer les meilleures réponses à y apporter. Ce point de vue est, par exemple, défendu par le spécialiste de la conscience animale Derek Denton : « J'adopterai […] des vues darwinistes, à savoir que le phénomène de la conscience a surgi progressivement au cours de l'évolution de la vie animale parce que son émergence, son élaboration et son raffinement ont conféré un grand avantage de survie aux espèces, avantage qui rend possible la mise en œuvre d'options [1]. »

La conscience est une chose encore très mal comprise des scientifiques. Celle des humains, et a fortiori celle des non-humains. Le zoologiste américain Donald Griffin, spécialiste des chauves-souris, décédé au début des années 2000, disait il y a une vingtaine d'années : « Tout le domaine de la conscience animale – ce que les animaux pensent, ce qu'ils ressentent – n'est pas un secteur où nous en savons assez pour pouvoir nous montrer affirmatifs ou

1. Derek Denton, *L'Émergence de la conscience*, Champs Flammarion, 1995, p. 24.

72

dogmatiques. C'est un domaine plein d'inconnues et d'incertitudes. De nombreux scientifiques sont très mal à l'aise quand il s'agit d'en rendre compte. [...] La raison qu'on en donne d'habitude, c'est que les animaux ont peut-être des pensées conscientes, mais qu'il n'existe aucun moyen de connaître avec certitude ce qu'ils pensent ou ce qu'ils ressentent. [...] Ma réponse à l'objection qu'ils ne peuvent pas nous le dire serait peut-être qu'ils le pourraient si seulement nous écoutions [1]. » Depuis cette déclaration il y a une vingtaine d'années, les choses ont à peine progressé. Mais tout pourrait changer bientôt avec les neurotechnologies. Les interfaces cerveau-ordinateur, qui permettront de décoder les neurones, ou les cartographies du cerveau, qui vont s'affiner, devraient pouvoir s'appliquer un jour aux animaux non humains pour nous aider à communiquer avec eux.

L'une des particularités de la conscience est évidemment son aspect immatériel et insaisissable, et donc mystérieux. Les dualistes la séparent du corps : Descartes oppose la substance pensante immatérielle (l'âme) à la chose étendue (le corps). Les monistes en revanche, comme Spinoza, posent que le corps et l'esprit sont inséparables, ce que tendent à démontrer les neurosciences.

L'autre particularité de la conscience, liée à la précédente, est la difficulté que nous avons à la définir. Pour le dictionnaire Robert, aussi surprenant que cela paraisse, la conscience est réservée à notre espèce : « Faculté qu'a l'être humain de connaître sa propre réalité et de la juger. » Cette vision est évidemment restrictive et ne correspond pas à la réalité scientifique puisque la conscience existe chez les animaux non humains, sous des formes diverses. Certains

---

1. *Ibid.*, p. 61-62.

spécialistes distinguent la « conscience perceptive », qui est la capacité d'éprouver le moment présent, les décors et les êtres autour, de la « conscience réflexive », liée à notre vie intérieure, à savoir une « conscience de ses propres perceptions et pensées, et par conséquent de sa propre existence » [1]. Les Anglais diraient « *awareness* » dans le premier cas et « *consciousness* » dans le second. Le souci est qu'il me semble impossible de séparer nettement ces deux états. Il me paraît juste de considérer que la conscience est la faculté qui permet d'expérimenter son existence en percevant l'espace et les autres individus grâce à différents sens, et que cette faculté est plus ou moins développée chez les espèces qui en sont pourvues, de sorte qu'elle offre des expressions variées. Derek Denton semble acquiescer lorsqu'il affirme : « Je crois que de nombreux autres animaux [que l'humain], y compris mon chat et les insectes sociaux, en sont également dotés [2] ».

Selon la logique évolutive du vivant, une conscience primaire serait donc apparue un jour et se serait perfectionnée au fil du temps et des espèces. Que nous dit l'histoire de l'évolution du vivant sur Terre ? D'abord des bactéries il y a 3,7 milliards d'années, puis des cyanobactéries ou « algues bleues », qui tirent leur énergie de la photosynthèse, des cellules eucaryotes, des êtres multicellulaires, les premiers animaux, l'explosion du vivant sous l'eau au cambrien il y a 540 millions d'années, les chordés, les vertébrés donc les poissons, les plantes terrestres, les animaux terrestres, les insectes, les vertébrés terrestres, les dinosaures, les mammifères, les oiseaux, les plantes à fleurs, les hominidés il y a 7 ou 10 millions d'années... La conscience aurait vu le

1. *Ibid.*, p. 68-69.
2. *Ibid.*, p. 138.

jour au cours de ces modifications du vivant et aurait suivi ces diversifications et apparitions pour s'imposer et gagner en compétences. Aussi, tout comme il existe dans le vivant des centaines ou des milliers de familles, on peut considérer sans risquer de se tromper qu'il existe des centaines ou des milliers de degrés de conscience différents dans la nature. La logique voudrait également que les formes les plus complexes de conscience dotent les familles les plus récentes, telles que les mammifères dont nous faisons partie. Loin de tout spécisme, l'objectivité nous oblige à envisager que la version la plus provisoirement aboutie de la conscience se trouve dans le cerveau humain. Une version tellement aboutie que cette conscience nous pose des problèmes... de conscience, en raison d'une création récente, sur laquelle nous allons revenir plus tard : la morale.

Cerveau

Nous en avons encore beaucoup à découvrir sur la conscience animale, qu'elle soit humaine ou non humaine. Son origine est a priori située dans le cerveau, cet inconnu que nous abritons et qui nous abrite. Le cerveau est composé d'environ 100 milliards de neurones. Les neurones sont des cellules nerveuses que l'on trouve également dans l'intestin. Ces cellules excitables constituent la base du système nerveux en transmettant un signal bioélectrique ou influx nerveux (le cerveau utilise donc l'électricité pour fonctionner). Les neurones reçoivent l'information venant des autres neurones et des organes sensoriels via leurs nombreuses extensions nommées dendrites. Le neurone transmet ensuite l'information récupérée par les dendrites au moyen d'une fibre nerveuse appelée axone. L'axone est recouvert d'une gaine protectrice de myéline, une couche de lipides et de protides qui accélère la conduction du message nerveux, lequel est transmis, en queue d'axone, à d'autres neurones via les synapses. Les synapses peuvent être électriques ou chimiques. Ces dernières sont plus fréquentes. Elle transmettent le signal sous forme de molécules chimiques appelées *neurotransmetteurs* qui peuvent être excitateurs ou inhibiteurs. Les neurones se constituent chez le fœtus

(200 000 neurones par minute les quatre premiers mois) et chez le bébé.

Jusqu'à peu, on pensait que dans le cerveau humain, seul le cortex était impliqué dans la pensée. Or des chercheurs d'Harvard ont récemment découvert que la conscience serait localisée dans trois régions du cerveau : deux dans le cortex, et une troisième dans le tronc cérébral. Le tronc cérébral est cette partie basse située entre le cerveau proprement dit et la moelle épinière, autrement dit une partie « ancestrale » du cerveau. Pourquoi ancestrale ?

Le cerveau est apparu avec les bilatériens (les animaux qui ont un côté gauche et un côté droit symétriques) il y a environ 550 millions d'années. Et ces bilatériens sont tous bâtis sur le schéma d'un ancêtre commun qui était un ver, ce qui explique que leurs organismes s'organisent autour d'un tube digestif reliant la bouche à l'anus, d'un cordon nerveux agrémenté de ganglions sensitifs ainsi que d'un cerveau ou de ganglions cérébroïdes pour les moins évolués.

Pour comprendre la structure du cerveau, il est intéressant de se référer à l'hypothèse du « cerveau triunique » humain, proposée dans les années 1960 par le neurobiologiste Paul D. MacLean. Selon lui, notre cerveau est en réalité composé de trois cerveaux qui se sont « empilés » au fil de l'évolution : le cerveau reptilien, le système limbique et le néocortex. Ces trois cerveaux correspondraient à différentes phases de l'évolution de la vie animale et se seraient agrégés comme s'empilent des couches géologiques. Le cerveau le plus ancien, le *reptilien*, serait apparu il y a 400 à 500 millions d'années chez les poissons. Ce cerveau serait celui des oiseaux, des amphibiens et des reptiles. Chez nous, il équivaut au tronc cérébral et au cervelet, à la couche la plus basse et la plus enfouie. Il assure

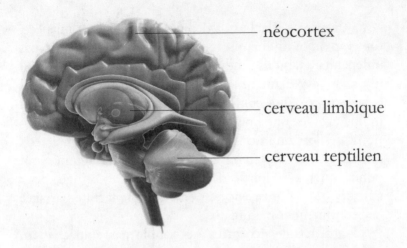

néocortex

cerveau limbique

cerveau reptilien

les fonctions essentielles liées à la survie, comme l'alimentation, le sommeil, la respiration, la fréquence cardiaque ou la reproduction. Ce cerveau, celui de l'instinct de survie, n'aurait qu'une mémoire à court terme et ne gérerait que des situations répétitives non évolutives. Le cerveau paléo-mammalien, ou cerveau *limbique*, appelé aussi cerveau des émotions, serait apparu avec les premiers mammifères il y a 200 millions d'années environ et se situerait chez nous au milieu de notre cerveau : il correspond notamment à l'hippocampe, l'amygdale et l'hypothalamus. C'est le cerveau des relations sociales, de la mémoire et donc des apprentissages. Le cerveau le plus récent serait le *néocortex*, présent sous différents stades chez les mammifères, qui s'est réellement étendu il y a quelques millions d'années chez les primates et en particulier chez les humains. On appelle néocortex la couche de substance grise qui recouvre les hémisphères cérébraux de notre cerveau et qui comprend elle-même six couches. Le néocortex serait le lieu de la pensée abstraite, de la rationalité, de la conscience de soi, du langage et donc de la culture.

La théorie de MacLean a depuis été critiquée et nuancée. On sait aujourd'hui que ces trois cerveaux ne sont pas indépendants, qu'ils s'influencent les uns les autres, et qu'il n'y a donc pas un unique siège de la conscience et des émotions, ce qui confirme que même les animaux les moins évolués ont une conscience et éprouvent des émotions, dès lors qu'ils ont un cerveau et un système nerveux central. En 2012, treize neuro-scientifiques réputés ont publié un texte, appelé déclaration de Cambridge, pour affirmer que la conscience est en effet une faculté partagée par énormément d'animaux :

« L'absence de néocortex ne semble pas empêcher un organisme d'éprouver des états affectifs. Des données convergentes indiquent que les animaux non humains possèdent les substrats neuroanatomiques, neurochimiques et neurophysiologiques des états conscients, ainsi que la capacité de se livrer à des comportements intentionnels. Par conséquent, la force des preuves nous amène à conclure que les humains ne sont pas seuls à posséder les substrats neurologiques de la conscience. Des animaux non humains, notamment l'ensemble des mammifères et des oiseaux ainsi que de nombreuses autres espèces telles que les pieuvres, possèdent également ces substrats neurologiques. »

Oui, même les arthropodes et les céphalopodes, qui ne sont pas des vertébrés, possèdent un cerveau qui peut être complexe. L'intelligence remarquable des pieuvres est désormais reconnue : elles savent résoudre des problèmes et utiliser des outils. Les crevettes, les crabes et les homards possèdent une conscience. Les fourmis et les abeilles possèdent une conscience, comme tous les insectes. En revanche, tout porte à croire pour l'instant que ni les éponges, ni les méduses, ni les moules, ni les huîtres, qui ne possèdent pas de cerveau, ne sont dotées de conscience. Or sans conscience, pas de douleur.

Douleur

La douleur est un privilège du vivant, mais toutes les formes de vivant ne l'expérimentent pas, à en croire du moins l'état actuel de nos connaissances. La douleur est une sensation désagréable, pénible, dont l'intensité est extrêmement variable puisqu'elle s'étend du supportable à l'insupportable, qui peut faire perdre connaissance. L'Association internationale d'étude de la douleur la définit comme « une expérience sensorielle et émotionnelle déplaisante associée à un dommage réel ou potentiel des tissus, ou s'apparentant à ces mêmes dommages ». Il existe deux types de douleurs : la douleur aiguë, qui agit comme un signal nous avertissant que notre organisme est agressé et qui nous aide à nous protéger en nous obligeant à réagir, et la douleur chronique, qui dure au moins plusieurs mois, qui nous handicape lourdement, qui ne nous aide en rien. On ne comprend pas non plus l'utilité de la douleur qu'éprouve un bébé lors d'un épisode de coliques ou lorsque ses dents poussent. Il suffit de regarder l'enfant dans de tels moments pour comprendre que sa souffrance peut être terrible. Pourquoi lui infliger une telle épreuve lors de la maturation du corps ? Cela n'a aucun sens.

À l'origine du signal douloureux, il y a des récepteurs appelés « nocicepteurs », situés dans les tissus cutanés ou dans les muscles, les articulations et les viscères [1]. Ce sont des sensoriels spécialisés qui réagissent à ce qui nous est *nocif* (d'où le nom de *nocicepteurs*, du latin *nocere* – nuire). Ils se divisent en plusieurs catégories : les récepteurs thermiques qui réagissent à une température excessive, les récepteurs qui répondent aux déformations mécaniques ou aux ruptures comme les coupures, et les récepteurs qui réagissent à un produit chimique telle une piqûre de moustique.

La nociception en tant que telle n'engendre pas la douleur. Elle provoque une réponse de l'arc réflexe produite par la moelle épinière qui entraîne un retrait ou un mouvement d'évitement, soit du corps tout entier, soit de la partie directement concernée. Pour autant ce phénomène ne crée pas en soi de sentiment désagréable. En revanche, lorsque l'on reçoit un coup sur la tête ou que l'on se brûle, les nocicepteurs envoient également un message électrique à notre cerveau. Ce message venu de la périphérie du corps est transmis par des nerfs (on parle de « système nerveux périphérique ») et passe par la moelle épinière (ou moelle spinale, contenue dans la colonne vertébrale) jusqu'à l'encéphale (cerveau, cervelet et tronc cérébral). On parle de « système nerveux central » pour désigner le système formé par la moelle spinale et l'encéphale. Avant d'être arrivé jusqu'au cerveau, le message n'est pas encore douleur

---

1. Outre la douleur nociceptive, la plus courante, il existe également la douleur neurogène, c'est-à-dire provoquée par le nerf lui-même, et la douleur psychogène, sans cause physique identifiable, et donc d'origine psychique sans être pour autant imaginaire.

mais simple information. Une fois que le message est parvenu au cerveau, il y est traité en fonction de différents critères, notamment l'intensité ou l'expérience personnelle.

La douleur mêle objectivité et subjectivité : on sait que se faire enfoncer un clou dans le bras fait mal à tout être humain, puisque tous les êtres humains disposent du même système nerveux. Certaines personnes sont toutefois atteintes du syndrome d'insensibilité à la douleur (ICD), une particularité génétique qui les rend insensibles à la douleur, mais ce sont de très rares exceptions. En dehors de ces cas très particuliers, nous avons tous mal pour les mêmes raisons : un coup de poing dans la tronche, une jambe cassée, une main brûlée, etc. En revanche, l'intensité de la douleur et la manière de la percevoir varieront d'un individu à l'autre, car la douleur est un ressenti personnel qui dépend en partie de la physiologie et de la psychologie du sujet.

Exemple : deux hommes de trente-cinq ans courent un marathon. Au vingtième kilomètre, souffrent-ils de manière identique ? Pas forcément. Si l'un des deux est svelte et entraîné, il ressentira une douleur modérée et gérable. Si le second est gros et ne court jamais, il aura la sensation que sa dernière heure est venue. Pour les humains, il est possible de se faire une idée assez précise de la douleur ressentie par un congénère : il suffit de l'interroger ou d'être attentif à ses réactions. En revanche, pour les animaux non humains et a fortiori pour les végétaux, il peut être difficile de savoir s'ils souffrent, et de quelle manière, puisque nous ne comprenons pas ce qu'ils disent, si toutefois ils disent quelque chose. Néanmoins, dans de nombreux cas, l'observation suffit : lorsque l'on torture un chien, un chat, un cochon, une vache ou un lapin, ils émettent des cris et se débattent de telle sorte qu'aucun esprit honnête ne peut nier qu'ils ont mal. Cela est moins évident pour d'autres animaux, comme les poissons ou les insectes, et bien entendu pour les plantes. Que sait-on exactement aujourd'hui de la douleur dans le monde vivant ? Qui est concerné ?

Pour ressentir la souffrance, il faut bénéficier d'une forme de conscience. Le rocher, par exemple, ne souffre pas. Or nous avons vu que quasiment tous les animaux sont doués de conscience. Mais avoir une conscience suffit-il pour souffrir ? Le cas des insectes interroge, car leur cerveau est évidemment rudimentaire. Mais lorsque l'insecte est jugé « intelligent » et capable de langage et de liens sociaux, comme les abeilles, pourquoi ne souffrirait-il pas ? Existe-t-il a contrario des insectes si primitifs qu'ils sont totalement insensibles à la douleur ? Personne ne peut rien affirmer avec certitude pour l'instant. En revanche nous n'avons aujourd'hui plus aucun doute en ce qui concerne une très grande partie du règne animal.

Les humains peuvent souffrir, physiquement ou psychologiquement, personne n'osera soutenir le contraire. Il existe désormais un consensus scientifique pour admettre qu'il en est de même pour tous les grands singes, les singes moins grands, les éléphants, les tigres, les lions, les gazelles, les zèbres, les hippopotames, les chiens, les chats, les lapins, les cochons, les poules, les vaches, les chèvres, les souris, les hérissons, les loups, les renards, et tout un tas d'autres animaux que l'on maltraite et extermine sans fin. On admet que tous les mammifères (des animaux qui allaitent leurs petits, soit 5 000 espèces environ) peuvent éprouver douleur et souffrance [1]. On étend l'analyse à tous les vertébrés. Les vertébrés, qui comptent 40 000 espèces vivantes, se caractérisent par un squelette interne (cartilagineux ou osseux) organisé autour d'une colonne vertébrale. Ils comprennent les mammifères, les reptiles, les batraciens, les oiseaux et les poissons. Les poissons ! Ces grands oubliés de la cause animale. Je souhaiterais m'arrêter sur leur cas un instant, afin de clarifier quelques incompréhensions.

---

1. Les termes « douleur » et « souffrance » sont distincts mais ils renvoient souvent, dans le langage courant, à la même réalité. Toutefois ils peuvent désigner deux choses différentes, la douleur renvoyant au mal que ressent le corps quand la souffrance évoque un mal psychologique. La douleur aurait une dimension médicale, mesurable, tandis que la souffrance revêtirait une dimension beaucoup plus subjective et donc non mesurable.

Poissons

On estime qu'entre 1 000 et 3 000 milliards de poissons sont pêchés chaque année dans le monde[1]. Il existe de multiples outils pour capturer les poissons, tous plus cruels les uns que les autres, parmi lesquels les chaluts (de gigantesques filets en forme de cornet de glace pouvant ramasser 60 tonnes de poisson en vingt minutes), les palangres (des milliers d'hameçons fixés à une ligne maîtresse), les casiers (des pièges posés sur fond), les dragues (des paniers qui raclent le fond), les sennes (filets enveloppants) ou bien sûr les lignes. Ces différents dispositifs provoquent la mort de quantité de tortues, de cétacés ou de poissons qui n'intéressent pas les pêcheurs mais qui sont pris au piège dans ces filets non sélectifs et dont les cadavres sont rejetés à la mer (un quart des prises). Notons encore qu'un tiers de ce qui est pêché sert à faire de la nourriture pour les élevages de poissons[2].

Ces méthodes de pêche intensive ont des conséquences sur chaque poisson qui dépassent la simple question de son

1. « Les animaux aquatiques sentients », JMFP – Journée mondiale pour la fin de la pêche, www.end-of-fishing.org.
2. « La pêche et les élevages aquacoles », JMFP – Journée mondiale pour la fin de la pêche, www.end-of-fishing.org.

droit à vivre : l'épuisement lorsqu'ils essayent de fuir, la blessure de l'hameçon qu'ils avalent, la compression et l'écrasement contre les autres poissons dans le fond des chaluts, les flancs à vif en raison des frottements avec les cailloux ou les autres débris pris dans le filet ou encore la décompression liée à une remontée trop rapide à la surface. Cette décompression peut provoquer une explosion de la vessie natatoire (une poche remplie de gaz qui aide le poisson à contrôler la profondeur de sa flottabilité), tandis que l'estomac et l'œsophage peuvent ressortir par la bouche et les yeux être expulsés de leurs orbites.

Dans les élevages, le sort des poissons n'est guère plus enviable. Ces animaux, habitués pour certains à nager de longues distances (le saumon, par exemple), sont condamnés à tourner en rond dans des bassins, des cages ou des citernes, sans aucun espace pour se mouvoir (il s'agit d'élevages intensifs). Ils y développent du stress et des maladies qui touchent les écailles, les nageoires ou les yeux. Ils sont victimes de parasites et notamment des poux de mer, de petits crustacés qui leur dévorent la chair. Ils peuvent même déprimer et cesser de se nourrir. Le taux de mortalité dans ces élevages est très élevé (un taux de 25 % étant considéré comme acceptable). Il va sans dire que pour limiter les dégâts, les poissons sont traités aux antibiotiques et aux pesticides, qui se retrouvent ensuite dans l'assiette du consommateur. Les méthodes d'abattage sont aussi sujettes à caution : les moins cruelles semblent être l'électrocution ou le coup sur la tête, s'il est « réussi ». Mais l'asphyxie à l'air ou sur la glace (qui peut durer quinze minutes), le gazage au dioxyde carbone ou la coupe à vif des branchies sont encore des pratiques courantes.

Les poissons n'ont ni bras ni jambes (les nageoires sont les ancêtres de ces membres), vivent dans l'eau, nous semblent muets et inexpressifs. Résultat : ils sont considérés comme des sous-animaux. La preuve : lorsqu'un végétarien explique qu'il ne mange pas de viande, il n'est pas rare qu'on lui réponde : « Mais vous mangez du poisson quand même, j'imagine ? » Pourtant, contrairement aux croyances encore en cours, les poissons (dont nous descendons) sont des êtres intelligents et sensibles, comme bon nombre d'animaux terrestres.

Quelque temps après leur naissance, les saumons quittent leur rivière pour rejoindre la mer, y engraisser pendant une ou plusieurs années, avant de faire le chemin inverse et retourner se reproduire dans leur rivière d'origine. On appelle ce rituel le « *homing* ». Les saumons parcourent ainsi des centaines ou des milliers de kilomètres sans se perdre, se guidant grâce aux odeurs des lieux qu'ils ont mémorisées – ce dont nous, humains, serions bien incapables. Même si tous ne sont pas aussi performants que les saumons, les poissons, contrairement à la légende populaire, ont donc de la mémoire. Le poisson archer, un poisson tropical, a prouvé lors d'une étude qu'il différencie et reconnaît les visages humains. Les anguilles américaines sont quant à elles capables d'identifier l'odeur d'une goutte d'alcool dans un volume d'eau équivalent à une grande piscine [1]. Les poissons sont par ailleurs des animaux sociaux qui vivent au sein de communautés, qui peuvent reconnaître des congénères avec lesquels ils communiquent, et qui créent des liens d'affinité avec certains individus. Cela implique qu'un poisson laissé seul dans un bocal, sans liberté de mouvement, est en souffrance et vit généralement peu longtemps. Les poissons sont, en outre,

1. Joan Dunayer, « Les poissons : une sensibilité hors de portée du pêcheur », *Cahiers antispécistes*, n° 1, octobre 1991.

capables d'apprendre, peuvent parfois utiliser des outils (un caillou pour ouvrir un coquillage), et dans certaines circonstances peuvent apprécier frottements et caresses. Reste la question principale : sont-ils capables d'éprouver stress et douleur ? La réponse est oui, comme le rappelait en 2017 une tribune publiée dans le journal *Libération* rédigée par un collectif international de chercheurs et d'universitaires, parmi lesquels des spécialistes de la vie marine et de l'éthologie [1]. En 2014, en Suisse, la Commission fédérale d'éthique pour la biotechnologie dans le domaine non humain (CENH), s'appuyant sur les plus récents travaux scientifiques, a affirmé qu'il n'existe « aucune bonne raison de conclure que les poissons seraient insensibles à la douleur ». En 2003, une expérience a fait date : des scientifiques d'Édimbourg ont injecté dans les lèvres de truites un produit urticant et ils ont constaté que les poissons allaient se frotter les lèvres sur la paroi ou sur le gravier de l'aquarium, preuve de la douleur ressentie. Lorsqu'ils sont poursuivis ou menacés, les poissons montrent des signes de stress semblables à ceux identifiés chez les humains : leur rythme cardiaque augmente et ils dégagent de l'adrénaline. Blessés, ils manifestent physiquement leur inconfort en se tordant ou en haletant. L'un des meilleurs spécialistes de la question est la chercheuse britannique Lynne Sneddon, de l'université de Liverpool. Elle explique que les poissons disposent de la même structure neurologique que les mammifères et les humains pour expérimenter la douleur, qu'ils changent de comportement lorsque leur intégrité physique est attaquée et que ces signes s'effacent après administration d'un analgésique.

---

1. Collectif d'universitaires et de chercheurs, « Prendre au sérieux les intérêts de poissons », *Libération*, le 24 mars 2017.

Malgré toutes ces preuves, il existe encore des gens qui prétendent que les poissons ne peuvent éprouver la douleur, au prétexte que leur cerveau n'est pas identique au cerveau humain : ils ne possèdent pas de néocortex. Argument qui ne tient pas car, malgré les incertitudes qui entourent encore la question, nous avons vu il y a quelques pages que la douleur n'est pas produite par une seule partie du cerveau. Il n'existe pas un centre unique de la douleur clairement identifié, qui serait propre aux humains et à quelques animaux particulièrement évolués. Comme expliqué précédemment, les différentes régions du cerveau collaborent pour recevoir les informations de la moelle épinière, et notamment, les régions les plus basses, donc celles qui témoignent de notre lointain passé et qui renvoient aux phases les moins évoluées de notre histoire.

Plantes

Ah, le cri de la carotte ! La première fois que j'ai entendu cet « argument » censé démontrer la férocité des régimes alimentaires végétaux, j'ai cru à une plaisanterie. Ce n'en était pas tout à fait une. « La carotte aussi, elle souffre ! » me sert-on régulièrement en dessert d'un débat sur la condition animale, au moment où les défenseurs de l'élevage et de l'abattage des animaux sont sommés de s'expliquer sur l'insoluble cruauté de ces pratiques. Cette réflexion ou ses nombreuses variantes, auxquelles ne croient même pas ceux qui les avancent, ne sont plus assénées comme autrefois avec le cynisme désespéré du bretteur acculé tentant une dernière botte improbable. Ceux qui les propagent découvrent avec bonheur que la science leur apporte désormais un soutien inespéré. Les phytobiologistes, botanistes, et autres dendrologues, bref les spécialistes des arbres et des plantes, révèlent peu à peu que les végétaux font preuve eux aussi de sensibilité, voire d'intelligence. Ce constat amène les défenseurs des boucheries à affirmer qu'il est aussi dommageable pour un épi de blé d'être cueilli que pour un cochon d'être égorgé. On comprend aisément où ils veulent en venir : le végétarien/lien se fourvoierait en se nourrissant uniquement de végétaux pour éviter d'engendrer de la souffrance, puisque manger une carotte serait en réalité aussi violent que manger un morceau de bœuf.

Un phénomène de librairie récent, *La Vie secrète des arbres*[1], écrit par un forestier allemand, Peter Wohlleben, soutient une thèse toute proche. Pour lui les arbres ont un « comportement social », font preuve d'« amitié », d'« entraide », d'« empathie » et d'« altruisme » les uns envers les autres. Et sur la question de la souffrance, il affirme l'équivalence entre le végétal et l'animal : « Précisons tout de même qu'être broutés par des vaches ou des chevreuils ne plaît ni à l'herbe ni aux jeunes arbustes. La plantule de chêne engloutie par un cerf souffre et meurt, comme souffre et meurt le sanglier égorgé par un loup[2]. » Cette phrase, glissée discrètement au milieu d'un livre par ailleurs passionnant sur les mécanismes biologiques des forêts, jette soudain un léger doute sur le sérieux de l'auteur. Ce qu'il avance est loin d'être anodin : une jeune pousse « souffrirait » quand elle est mangée, autant qu'un sanglier tué par un loup, et donc autant qu'un cochon tué à l'abattoir. Hélas Wohlleben ne démontre pas, ne s'appuie sur aucune étude ou expérience. Il affirme, et nous devons le croire sur parole. Rebelote un peu plus loin : « Les tiges [de lierre], qui enserrent le tronc et peuvent elles-mêmes devenir grosses comme des arbres, infligent aux pins et aux chênes les mêmes souffrances qu'un serpent constricteur à la proie qu'il étouffe[3]. » Là encore, décréter qu'un arbre entouré d'un lierre peut souffrir comme souffrirait un humain étranglé par un boa n'est pas intellectuellement

---

1. Peter Wohlleben, *La Vie secrète des arbres*, Les Arènes, 2017.
2. *Ibid.*, p. 64.
3. *Ibid.*, p. 178.

rigoureux, puisque rien de tel n'a jamais été observé ni encore moins prouvé. Puis, lorsque Wohlleben évoque des vibrations émises par les arbres qui manquent d'eau, il explique que les scientifiques n'y voient qu'un phénomène mécanique dû à l'interruption du flux d'eau qui circule entre les racines et les feuilles. Mais le forestier ajoute aussitôt qu'il est fort probable que ces experts se trompent. Selon lui, ces vibrations seraient en réalité « des cris de soif. Ou bien des cris destinés à alerter le voisinage de l'imminence d'une pénurie d'eau [1] ». Une fois de plus, en laissant entendre que les arbres se plaignent, l'auteur extrapole sur leur souffrance réelle sans apporter d'élément qui crédibilise son intuition. Je regrette de devoir utiliser à son encontre un reproche souvent fait à tort aux antispécistes et autres défenseurs des droits des animaux : l'anthropomorphisme. En l'occurrence, il s'agit de zoomorphisme puisque les caractéristiques que Peter Wohlleben prête aux végétaux sont celles qui sont aujourd'hui reconnues à tous les animaux sentients [2], à commencer par la capacité à éprouver des sentiments. Oui mais, objecterez-vous peut-être, si ces qualités sont reconnues aujourd'hui chez nombre d'animaux non humains alors qu'elles leur ont été longtemps déniées, pourquoi n'en serait-il pas de même pour les arbres, les plantes et les champignons ?

---

1. *Ibid.*, p. 62.

2. En éthique animale, il est d'usage d'utiliser le concept de « sentience » pour désigner la capacité d'un individu à éprouver une expérience subjective du monde, c'est-à-dire à ressentir des émotions parmi lesquelles le plaisir, la douleur ou la peur. Longtemps il m'a semblé que le terme « sensibilité » suffisait pour désigner cette capacité. Je dois reconnaître aujourd'hui qu'il est insuffisant, maintenant qu'il convient de distinguer précisément la sensibilité végétale de la sensibilité animale, dont les capacités et les conséquences diffèrent.

Cette hypothèse mérite notre considération. Les végétaux ressentent peut-être vraiment la douleur que ressentent un humain, un chien et un poulet lorsqu'on porte atteinte à leur intégrité physique. Une fleur a peut-être mal lorsqu'on la sépare de sa tige, et un arbre a peut-être mal lorsqu'on lui donne des coups de hache. Peut-être. Les végétaux éprouvent peut-être également la souffrance psychologique de la même manière que l'éprouvent un humain, un chien et un poulet lorsqu'ils sont, par exemple, privés de liberté de mouvement ou condamnés à la solitude. Peut-être. Il n'y a en tout cas aucune raison d'exclure ces hypothèses. Mais il faut aussi reconnaître et garder à l'esprit qu'il ne s'agit que de « peut-être », c'est-à-dire des possibilités parmi d'autres qui nécessitent, pour être validées, de découvrir un système nerveux particulier, déconnecté de nos connaissances actuelles. En effet, les végétaux se distinguent des animaux sentients que nous sommes par l'absence des dispositifs biologiques qui nous permettent d'éprouver douleur et souffrance.

Les plantes, et donc les arbres qui en font partie, ne possèdent ni cerveau, ni neurones, ni synapses, ni système nerveux central. Pourtant, c'est vrai, les plantes ressentent. Chacun connaît désormais le cas mille fois cité de ces acacias d'Afrique qui sécrètent une substance toxique lorsque leurs feuilles commencent à être dévorées par des antilopes et qui « préviennent » aussi leurs voisins acacias en émettant un gaz, de l'éthylène, lequel déclenche chez les autres arbres la même production de toxine. Peter Wohlleben explique dans son livre que les hêtres, les chênes et les sapins réagissent aussi en cas d'agression. Si une chenille s'attaque à une feuille, « le tissu végétal se modifie aussitôt autour de la morsure ». Si les racines de l'arbre sont attaquées, les feuilles émettent des substances odorantes. Ces substances peuvent servir à attirer des insectes prédateurs des agresseurs. Et Wohlleben de citer l'exemple des ormes et des pins qui sollicitent l'aide de petites guêpes qui vont pondre des œufs dans le corps des chenilles parasites, et de ces œufs vont éclore des larves qui vont manger la chenille de l'intérieur.

Le monde végétal est encore extrêmement mystérieux et nous commençons à peine à en comprendre la complexité. Depuis peu, nous découvrons chez les plantes des facultés et des comportements insoupçonnés jusqu'alors. Mais ne nous trompons pas de mots. « Intelligence » ? « Souffrance » ? « Individus » ?

Résumons ce dont nous sommes certains à ce jour.

Loin d'être des objets inertes et inactifs, les plantes réagissent aux événements alentour en adoptant des comportements adaptés, qu'il s'agisse d'un coup de vent, d'une sécheresse, de l'agression d'un insecte ou de l'arrivée du soleil. Les plantes sont sensibles aux couleurs rouge et bleu et disposent de récepteurs visuels sur l'ensemble de leur structure. Elles captent des ondes lumineuses que les humains ne captent pas et sont sensibles aux rayonnements électromagnétiques.

Les plantes sont également sensibles au toucher. Une expérience a montré qu'une jeune plante touchée plusieurs minutes par jour par une main humaine connaît des problèmes de croissance. Par ailleurs, le *Mimosa pudica* contracte ses feuilles si vous l'effleurez. Certaines plantes captent les odeurs : la cuscute est une plante parasite qui choisit ses victimes en détectant des composants chimiques volatiles, et la communication olfactive existe chez l'aulne, l'orge ou l'armoise [1]. Les plantes dorment, à l'image de ces

---

1. Marc Giraud et Fabrice Cahez, *Fleurs et arbres en bord de chemin*, Delachaux et Niestlé, 2017, p. 44.

tulipes qui se referment la nuit. Elles sont sensibles aux vibrations, et donc aux bruits – *Desmodium gyrans* bouge même ses feuilles lorsqu'elle entend de la musique. Elles émettent des sons : les pins et les chênes produisent des ultrasons lorsqu'il fait très sec et qu'ils manquent d'eau. Comment tout cela est-il possible ?

Les plantes ne possèdent pas de neurones, mais disposent à la place de 700 sortes de capteurs sensoriels différents. En cas d'agression ou de blessure, elles émettent des signaux électriques qui se déplacent d'une cellule à une autre et déclenchent des mécanismes chimiques de défense. En 2015, Antoine Larrieu, chercheur au laboratoire de reproduction et développement des plantes à l'École normale supérieure de Lyon, venait de publier une étude sur la réponse des plantes aux agressions. Il expliquait alors : « Nos observations ont montré que la plante réagit en deux temps après qu'une feuille a été blessée : une première réponse rapide informe la plante entière de la blessure et une seconde, plus lente, lui permet d'y répondre, notamment en ralentissant la croissance et en produisant des molécules de défense. [...] La perception d'une blessure chez les plantes se rapproche des mécanismes en place chez l'homme. Des cellules intactes sont capables de déclencher une réponse si elles reconnaissent des signaux associés à une blessure. Ces signaux incluent différents composés normalement présents dans la cellule mais qui se retrouvent à l'extérieur suite à sa destruction. Il a ainsi été observé qu'il suffisait de déposer un broyat de plante sur une feuille pour déclencher une réponse à la blessure. La transmission du signal à d'autres parties de la plante implique notamment des gènes similaires à ceux associés aux activités synaptiques chez les animaux. Leur activation entraîne la propagation du signal depuis la zone blessée jusqu'à des parties distantes de plusieurs dizaines de centi-mètres. Cela permet notamment à la plante de se préparer à d'éventuels dommages supplémentaires en ralentissant sa croissance, pour attendre des conditions propices à son développement [1]. » Au département de biologie molécu-laire de la plante à l'université de Lausanne, l'équipe d'Edward Farmer a identifié trois gènes GLR (Glutamate Receptor-Like) impliqués dans ce processus qui sont sem-blables à ceux des animaux. Commentaire du professeur Farmer : « Ce qui est surprenant, c'est que ces gènes sont très similaires aux gènes dans les synapses rapides du cer-veau humain, alors qu'une plante n'a aucun neurone [2]. »

Le professeur Farmer s'interroge, mais se garde bien de toute conclusion hâtive ou de toute extrapolation non argumentée. Peter Wohlleben ne prend pas ces précau-tions. Il évoque des signaux électriques transmis « par l'intermédiaire de sortes de cellules nerveuses situées aux extrémités des racines [3] » (sic). En parlant de « cellules ner-veuses », donc de neurones, Wohlleben suggère une symé-trie parfaite entre l'animal et le végétal dans leur capacité à éprouver le monde, et donc à souffrir. Il exprime cette symétrie sans détour lorsqu'il cite le cas de la chenille qui mange une feuille d'arbre et qu'il écrit : « Le tissu végétal […] envoie des signaux électriques, exactement comme cela se produit dans le corps humain en cas de blessure [4]. » Non, justement, rien ne prouve aujourd'hui que le circuit

---

1. Pierre Barthélémy, « Les secrets des plantes contre les agres-sions », *Le Monde*, le 24 mars 2015.

2. Sabah Rahmani, « Les plantes sont-elles des animaux comme les autres ? », *Le Temps*, le 16 mars 2016.

3. *La Vie secrète des arbres, op. cit.*, p. 25.

4. *Ibid.*, p. 20.

des signaux électriques chez les plantes soit similaire à celui des animaux. Tout semble même nous indiquer le contraire, dans la mesure où, chez les plantes, ces signaux ne sont pas relayés par une moelle épinière et un cerveau qui traite ensuite l'information.

Les plantes n'ont pas de cerveau, mais les chercheurs sont troublés par un phénomène. Ils ont remarqué qu'une plante soumise à un stimulus agressif qui génère un mécanisme de défense enclenchera ce mécanisme plus rapidement lorsqu'elle sera soumise à ce stimulus une seconde fois. A contrario, une plante peut aussi réagir avec moins d'intensité, ou ne plus réagir du tout, si elle est soumise à plusieurs reprises à un stimulus dont elle comprend progressivement qu'il n'est pas dangereux. Il semblerait également qu'une plante ayant subi un traumatisme transmette la mémoire de celui-ci à sa descendance et lui permette de mieux réagir à une agression similaire. On peut donc dans ce cas parler chez la plante de transmission de caractère acquis. Pour ces raisons, on peut considérer que les plantes ont de la mémoire et qu'elles apprennent, comme les animaux. Mais puisque les plantes n'ont pas de cerveau, où stockent-elles les informations ? Peut-être dans les racines.

Celles-ci occupent évidemment une fonction nutritive, puisqu'elles puisent l'eau et les sels minéraux. Elles transmettent également des messages chimiques aux autres arbres. Cette communication racinaire s'effectue « soit de façon diffuse par le réseau de champignons qui enveloppe les points des racines [...], soit par un lien racinaire direct [1] », explique Wohlleben. Le forestier cite le cas de souches d'arbres qui continuent à vivre alors qu'elles ne peuvent pas se nourrir puisque dépourvues de feuilles :

---

1. *Ibid.*, p. 14.

leurs nutriments leur sont en fait fournis par les arbres environnants, via les racines. C'est de cet exemple qu'il tire l'idée de la « solidarité » qui unit les arbres. Selon lui, un végétal fait la différence entre ses racines et celles d'autres végétaux de la même espèce ou d'espèce différente. Les champignons jouent un rôle extrêmement important dans la communication qu'entretiennent les arbres, puisqu'ils jouent le rôle de transmetteurs : leurs filaments relient les racines des uns et des autres, à la manière d'un réseau de fibre optique. « Au fil des siècles, explique Wohlleben, un unique champignon peut ainsi s'étendre sur plusieurs kilomètres carrés et mettre en réseau des forêts entières [1]. » D'après l'auteur allemand, les arbres ne sont pas les seuls représentants du monde végétal à communiquer entre eux. C'est le cas sans doute de toutes les espèces présentes dans une forêt. En revanche, selon lui, cette aptitude est absente chez les végétaux cultivés dans les champs car « dès que l'on pénètre dans une zone agricole, la végétation devient très silencieuse. La main de l'homme a fait perdre aux plantes cultivées beaucoup de leur aptitude à communiquer par voie souterraine ou aérienne. Quasi muettes et sourdes, elles sont une proie facile pour les insectes ». On aimerait en savoir plus sur cette assertion, potentiellement exacte, mais assez floue.

Toujours est-il que les racines, en plus de permettre l'alimentation et la communication de la plante, remplissent peut-être également le rôle de cerveau en assurant des fonctions que l'on peut assimiler à de l'intelligence. Telle est l'hypothèse soutenue par les professeurs Frantisek Baluska, de l'université de Bonn, et Stefano Mancuso, de l'université

1. *Ibid.*, p. 23.

de Florence – ce dernier a inventé l'expression « neurobiologie végétale » pour qualifier le domaine qui étudie la sensibilité des plantes. Les deux hommes ont fondé le Laboratoire international de neurologie des plantes. Baluska explique que « les pointes des racines sont équipées de dispositifs similaires à un cerveau. Elles présentent, outre un système de transmission des signaux, des structures et des molécules que l'on observe également chez les animaux [1] ». Cette idée prolonge une intuition de Charles Darwin. Dans *The Power of Movement in Plants*, « Le Pouvoir du mouvement chez les plantes », publié en 1880, le naturaliste avait écrit : « Il n'est guère exagéré de dire que l'extrémité de la radicule ainsi dotée, et ayant le pouvoir de diriger les mouvements des parties contiguës, agit comme le cerveau des animaux inférieurs. » Stefano Mancuso se montre moins catégorique que son collègue Baluska et évoque un « cerveau diffus » lié au fait que les plantes émettent des signaux électriques sur toutes les cellules de leur corps [2].

Il est certain que les pointes des racines sont extrêmement sensibles à leur environnement, et cela fait dire au naturaliste Marc Giraud qu'« en vue accélérée, une radicelle qui cherche son chemin ressemble énormément à un ver, capable d'évaluer son environnement et de prendre des décisions, telles que ralentir, accélérer ou changer de direction, notamment face à une rivale [3] ». Marc Giraud parle alors pour l'ensemble racinaire d'une « intelligence collective comparable à celle d'une colonie de fourmis [4] ».

---

1. *La Vie secrète des arbres*, op. cit.
2. Sabah Rahmani, « Les plantes sont-elles des animaux comme les autres ? », *op. cit.*
3. *Fleurs et arbres en bord de chemin*, op. cit., p. 55.
4. *Ibid.*

Peut-on pour autant comparer les racines à un cerveau animal ? En l'état actuel de nos connaissances, l'entreprise est pour le moins osée. Les deux systèmes, auxquels on peut évidemment trouver des points communs, n'ont biologiquement pas grand-chose à voir. Le botaniste français Francis Hallé confirme d'ailleurs que les plantes ne sont pas pourvues « d'une mémoire ou d'un apprentissage comparables aux nôtres [1] ». Sans cerveau, sans système nerveux central, sans neurones, les végétaux peuvent-ils néanmoins être conscients, suffisamment en tout cas pour souffrir ? Le scientifique Derek Denton ne semble pas y croire : « Adopter un point de vue évolutionniste me semble impliquer de manière irréfutable que la conscience est, de manière indivisible, une fonction du cerveau. S'agissant du prétendu problème corps-esprit : sans fonctionnement cérébral, il n'y a ni esprit, ni conscience, ni d'ailleurs d'âme, si l'on souhaite appeler ainsi la domination du sentiment du soi [2]. » Dans son ouvrage *Fleurs et arbres en bord de chemin*, Marc Giraud abonde dans ce sens : « Selon les connaissances actuelles, les plantes, n'ayant certainement pas d'image mentale de leur environnement, ne vivent pas de conséquences émotionnelles ou psychologiques, pas d'état d'âme, pas de regrets, pas d'angoisse d'avenir non plus. Elles perçoivent les agressions mais vraisemblablement pas de la même manière que nous. Le fait qu'elles possèdent des récepteurs de la douleur est discuté, mais elles ne sentent pas de souffrance et d'émotions complexes comme les humains. Même si les informations sensitives qu'elles reçoivent sont connectées les unes aux autres, elles

---

1. Sabah Rahmani, « Les plantes sont-elles des animaux comme les autres ? », *op. cit.*
2. *L'Émergence de la conscience, op. cit.*, p. 26.

ne possèdent pas d'organe qui les centraliserait : c'est plutôt rassurant pour elles, pour nous qui les exploitons, et pour tous les végétariens [1]. »

Existe-t-il chez les végétaux un cerveau alternatif non identifié qui leur procurerait des sensations identiques aux nôtres ? Ce n'est théoriquement pas impossible. Comme il n'est pas impossible que la réincarnation ou les fantômes existent. On peut émettre toutes sortes d'hypothèses dont il est impossible de prouver qu'elles sont nécessairement fausses. Ce n'est pas ce qui les rend vraies pour autant. Cela nous renvoie à la fameuse théière de Russel. Le philosophe et mathématicien gallois Bertrand Russel, qui fait de la logique le ciment de sa pensée, avait dénoncé l'irrationalité des religions en imaginant un culte reposant sur la conviction qu'une théière en porcelaine tourne en orbite autour du Soleil, entre la Terre et Mars ; une théière si petite qu'aucun télescope ne pourrait la détecter. Alors, demandait Russel, sous prétexte que certains croient en cette théière, évoquée par ailleurs dans un vieux livre, et qu'il est impossible de démontrer que celle-ci n'existe pas, il faudrait leur donner raison et accepter l'idée qu'un petit pot en porcelaine se promène réellement dans l'espace ? Cela n'aurait absolument aucun sens. Un autre mathématicien, Euclide, avait résumé la réaction légitime à ce genre d'assertion sans fondement : « *Quod gratis asseritur gratis negatur* » (« Ce qui est affirmé sans preuve peut être nié sans preuve »). La charge de la preuve doit reposer sur celui qui soutient une théorie, et non sur ceux qui ne sont pas convaincus. D'un point de vue scientifique, et donc raisonnable, on ne peut tenir pour vraie une proposition sur le simple fait qu'il est impossible de démontrer qu'elle est

---

1. *Fleurs et arbres en bord de chemin, op. cit.*, p. 53.

fausse. Dans l'état actuel de nos connaissances, il est donc aujourd'hui impossible d'affirmer que les végétaux « souffrent » comme souffrent des animaux sensibles. Évidemment, les nuances du verbe « souffrir » dans la langue française autorisent à appliquer ce mot aux plantes en certaines circonstances. On peut tout à fait dire, par exemple : « Mes salades ont souffert de la chaleur. » Cela ne signifie pas pour autant que les salades ont ressenti ce que vous et moi ressentons quand nous avons soif.

Enfin, un élément de bon sens tend à nous laisser penser que les végétaux sont dénués de mécanismes cachés de nous leur permettant d'éprouver la douleur que ressentent les animaux. En effet, le système nerveux est un dispositif qui est apparu progressivement et qui a amplement évolué tout au long de l'histoire du vivant, comme un élément favorisant la défense face aux agressions et le développement de l'espèce. On comprend aujourd'hui que ce système nerveux est généralement plus développé chez les vertébrés que chez les invertébrés et, parmi les vertébrés, plus développé sans doute parmi les mammifères. La logique voudrait donc que les végétaux, qui sont les formes antérieures et primitives de la vie, n'aient pas été dotés en la matière des outils complexes que le temps a pris la peine d'élaborer, pas plus qu'ils n'ont été dotés de jambes pour se déplacer ou de bras pour saisir des objets – je concède toutefois qu'il ne s'agit que d'une hypothèse.

À ce jour, rien ne permet en tout cas de soutenir sérieusement qu'un arbre ou un épi de blé expérimentent la douleur quand on les coupe, pas plus qu'une pomme quand on la mange. Nos connaissances indiquent même exactement le contraire. Cela devrait donc rassurer tous les adeptes d'une philosophie de respect du vivant qui, comme moi, ont à cœur de générer le moins de souffrance possible dans leur existence, notamment en supprimant la viande et les produits animaux de leur alimentation.

Il n'est toutefois pas inutile de continuer à s'interroger sur l'efficacité éthique du régime végétalien. Je note alors que les fruits que nous mangeons sont tirés d'un arbre qui, lui, continue à se porter parfaitement bien une fois que ses fruits sont tombés ou ont été récoltés. Je note encore qu'aucun capteur sensible n'a été identifié dans ces fruits. Je relève aussi que si l'on ne cueille pas une salade dès qu'elle est mature, celle-ci finit rapidement par monter puis pourrir, comme tous les légumes. Lorsque l'on mange un végétal, on se contente donc souvent de profiter de sa vitalité juste avant qu'il ne « meure ». La salade prélevée de la terre a vécu la plus grande partie de son « existence », ce qui n'est pas le cas des animaux de consommation généralement tués quelques mois après leur naissance, à l'orée d'une vie qui aurait dû durer dix ans ou plus.

Enfin, imaginons que les végétaux souffrent. Alors, afin de minimiser la quantité de souffrance inévitablement liée à notre alimentation, nous sommes d'autant plus tenus de nous limiter à une alimentation végétale. Ce n'est que pure logique. En effet, la viande est tirée d'un animal qu'il a bien fallu nourrir avant de le tuer. Et il a été nourri, précisément, avec des végétaux qui auront donc souffert. Or il faut plusieurs calories végétales pour produire une seule calorie animale (plus de dix calories végétales pour une calorie de bœuf). Pour un apport énergétique équivalent, les animaux que nous consommons auront donc tué jusqu'à dix fois plus de végétaux que nous l'aurions fait si nous nous étions nourris directement de ces végétaux. Alors si vraiment les plantes souffrent, et que nous voulons minimiser la souffrance que notre existence engendre, il est de notre devoir d'agir afin que le minimum de ces plantes soient mangées. Et pour cela, il faut s'en alimenter directement pour éviter la déperdition liée à la transformation énergétique par la digestion animale.

Qu'on ne se méprenne pas sur mon propos. Ma remise en cause de la tentation du zoomorphisme à l'égard des plantes n'est en rien une justification du mépris qu'on leur adresse trop souvent. J'éprouve pour les végétaux une fraternité proche de celle qui me lie aux animaux. Chaque printemps, j'observe avec le même émerveillement le bourgeonnement résurrectionnel [1]. Ce mouvement de la vie qui refait surface, silencieusement, opiniâtrement, et avec tant de délicatesse esthétique, m'inspire estime et compassion. La précision m'oblige à expliquer que j'établis des nuances dans mon affection. Je différencie le chêne multiséculaire du rosier, comme je distingue le rosier du radis. Ils n'ont ni le même destin ni la même aura. Comme dans le règne animal, il y a parmi les plantes des familles différentes, qui évoquent des sentiments différents. Un pin, un cèdre, ou bien évidemment le géant séquoia, qui nous observent de leur hauteur massive, et dont la plupart sont nés avant moi et me survivront, continuant à déployer leurs branches en silence vers le ciel, comme une perpétuelle prière adressée à la Création, m'inspirent un respect proche de celui que je peux éprouver pour un individu animal. J'accorde, je le reconnais, un peu moins d'attention à un pissenlit, malgré les bénéfices que cette plante nous offre. L'histoire du vivant végétal, comme celle du vivant animal, est longue et variée, depuis l'apparition des premières algues dans la mer, celle des premières plantes simples sur la Terre il y a 400 millions d'années, l'invention du bois, ce tissu dur qui permit la naissance des arbres, et le développement des

---

1. La résurrection est une insurrection contre la mort.

premières forêts il y a 360 millions d'années. D'ailleurs, nous devons une reconnaissance sans bornes aux végétaux dans leur ensemble, sans lesquels nous disparaîtrions immédiatement. Ils sont indispensables à notre survie. Ce sont eux qui nous fournissent ce dont nous avons besoin pour exister, soit parce qu'ils nous permettent de nous nourrir, soit parce qu'ils nous permettent de respirer. Sans eux, impossible de fabriquer du plastique et du pétrole, puisque ces produits sont créés à partir de végétaux morts il y a des centaines de millions d'années. Les végétaux captent le carbone dans l'atmosphère, l'utilisent puis le transfèrent dans le sol grâce aux racines, aux feuilles et bois morts. On estime à 2 000 milliards de tonnes le carbone actuellement stocké sous terre, juste sous la surface. C'est lui que nous libérons beaucoup trop rapidement avec nos activités industrielles, d'autant que nous détruisons en même temps les forêts et que nous avons mis en place un modèle d'agriculture intensive qui rend les terres moins aptes à capter le carbone.

Enfants ingrats que nous sommes, nous ne nous rendons même plus compte des services rendus par les plantes, les considérant comme allant de soi. Mais au-delà de l'utilité que nous en retirons, je respecte tous les végétaux, quels qu'ils soient, et je milite pour leur droit à profiter d'eux-mêmes. La coupe d'un arbre me peine profondément, tandis que celle d'une fleur me gêne. C'est pourquoi, alors même que la destruction de végétaux est une condition inévitable à notre survie, je recommande de n'en sacrifier que le minimum indispensable et de laisser s'épanouir autant qu'il est possible les forêts, les bois, les bosquets et les prairies.

Prédateurs

Les végétaux tirent leur énergie de la lumière du soleil qui est transformée en composés organiques, et donc en énergie chimique, grâce à la photosynthèse. L'opération, qui se déroule dans des organites appelés chloroplastes, consiste pour la plante à capter les photons de la lumière solaire par le biais de la chlorophylle, laquelle donne sa couleur verte aux végétaux. Au cours de ce processus bien connu, la plante assimile le dioxyde de carbone (CO_2) contenu dans l'air, ainsi que d'autres éléments provenant de l'eau et des sels minéraux, fabrique l'oxygène (O_2) qui nous permet de respirer et produit des glucides comme l'amidon. Cela se déroule ainsi : grâce à l'énergie des photons, l'eau est décomposée en hydrogène et en oxygène. L'oxygène est rejeté, tandis que l'hydrogène, riche en énergie, est combiné avec le dioxyde de carbone pour créer des molécules de glucides qui contiennent maintenant l'énergie. Le processus de la photosynthèse est essentiel à la vie sur Terre. Sans lui, la matière minérale ne serait pas transformée en matière organique, ce qui signifie que les plantes et les animaux n'existeraient pas. Par ailleurs, la photosynthèse n'est pas produite seulement par les forêts : les algues et le phytoplancton produisent plus d'oxygène que les arbres. D'où la nécessité absolue de préserver la santé des mers et des océans.

Quoi qu'il en soit les plantes, êtres vivants, se nourrissent de non-vivant. En revanche les animaux prélèvent leur énergie dans leur environnement en assimilant de la matière organique, qu'elle soit animale ou végétale [1].

Lorsqu'un être vivant tire son énergie d'un autre être vivant, et qu'il vit donc aux dépens de cet autre, il y a deux manières de procéder : la prédation ou le parasitisme. La prédation est facile à comprendre. Un prédateur, une proie, le premier mange la seconde, c'est assez clair. Les végétaux sont-ils des proies et les herbivores sont-ils en conséquence des prédateurs ? A priori non, puisque les herbivores se contentent de prélever des organismes qu'ils n'ont pas traqués et qui ne sont pas capables de fuir. Les mécanismes de défense que certains mettent en place face aux agressions peuvent néanmoins ouvrir le débat.

Le parasite, en plus de se nourrir d'un autre, élit pour sa part domicile sur cet autre et ne le tue pas immédiatement. Le parasitisme n'est pas l'équivalent du commensalisme, lequel désigne une relation entre deux individus d'espèces différentes qui profite à l'un des individus sans nuire à l'autre. C'est le cas, par exemple, des poissons-clowns qui se protègent des prédateurs en se réfugiant au milieu des tentacules des anémones de mer : ces tentacules diffusent un poison contre lequel les poissons-clowns sont immunisés. De même, certains animaux se laissent transporter par d'autres, comme les poissons rémoras qui se collent aux nageoires dorsales des requins grâce à des ventouses. Lorsque la relation entre deux individus

---

1. Notons encore qu'il existe des bactéries qui tirent leur énergie des minéraux. Elles sont dites lithotrophes.

d'espèces différentes profite aux deux, on a coutume de parler de *symbiose*, même si les zoologistes emploient plutôt le terme de *mutualisme* par opposition au *commensalisme*. Mais de manière générale, entre symbiose, commensalisme et parasitisme, la frontière est floue. L'exemple de symbiose le plus connu est sans doute celui du lichen, qui consiste en une association entre un champignon et une algue. D'autres champignons se nourrissent par absorption de matière organique inerte (on appelle cela la *nécrotrophie*), d'autres par parasitisme, comme les mycoses. Notons encore les *saprophytes*, qui désignent des végétaux, des champignons et des micro-organismes qui se nourrissent de matière organique morte (arbres ou animaux en décomposition, excréments…).

Difficile de situer l'humain parmi ces différentes catégories. Actuellement, nous mangeons des animaux et des végétaux, ce qui fait théoriquement de nous à la fois des prédateurs et des préleveurs ou, disons plutôt, des cueilleurs. Or les animaux que nous mangeons, si nous mettons de côté le cas d'une grande partie des poissons, ne sont plus chassés mais « cueillis » dans des élevages, comme des salades ou des tomates, sans que nous ayons à faire le moindre effort pour les atteindre. Nous n'avons plus rien de commun avec ceux de nos ancêtres qui furent des chasseurs arpentant, guettant, risquant, luttant, pour avoir le droit de tuer et de manger ensuite. La prédation implique une performance physique (de la marche, de la course, du combat), de l'ingéniosité, et parfois du courage. Elle est incertaine et oblige souvent à endurer la faim avant d'obtenir la récompense de ses efforts. La prédation est un mécanisme mis en place par une espièglerie de l'évolution. Tant que nous étions des prédateurs, de réels prédateurs, risquant de nous faire bouffer ou étriper par plus fort ou plus malin que nous, nous pouvions nous réfugier derrière l'excuse de la nature, du courage et de l'effort pour justifier la mort des animaux dont nous faisions nos repas ou nos couvertures. Mais aujourd'hui, que reste-t-il de ce contrat avec l'incertain ? Si tuer un être vivant est un acte par définition cruel, le degré d'organisation et de technicité que nous mettons désormais en œuvre pour provoquer la mort relève de la barbarie. Plus aucun courage, plus aucun combat, plus aucun effort, mais une œuvre impensable qui dépasse de loin la violence des mécanismes biologiques. Nous nous réfugions derrière un pseudo-statut d'espèce supérieure pour justifier les tueries de masse quotidiennes dont nous sommes les auteurs. Alors que ces tueries sont des actes lâches, des actes de fainéants qui engraissent à force de ne plus bouger leurs gros postérieurs empiffrés, des actes sans suspens où le combat a cédé la place à l'exé-cution.

Honte

Petites choses que nous sommes, issues d'une méprisable espèce que je vomis chaque matin où je dois pourtant m'extirper de mon lit. C'est un lit confortable, moelleux à souhait, que j'ai honte d'habiter. J'ai honte de ces draps, honte de ce toit, honte de ces habits, honte de ces restaurants bondés qui brouhahassent de rire, honte de ces routes goudronnées sur lesquelles je m'entasse au milieu de congénères déprimés. J'ai honte d'appartenir à cette colonie d'exterminateurs, ces passants arrogants que la nature va bientôt renvoyer aux oubliettes de la création. Mais combien de milliards de vies aurons-nous inutilement effacées entre-temps ? Combien de corps torturés et massacrés ? Combien d'âmes asservies ?

J'ai honte du privilège que le hasard m'a accordé en me faisant profiter du costume de tortionnaire en chef, cette peau pâle et fragile que nous avons sauvée des prédateurs et des intempéries grâce à l'invention du feu et aux déluges de délires qu'il nous permet. J'ai honte du confort où baignent mes angoisses. Mes plaintes, mes récriminations et mes gémissements sont l'indécence absolue. Un mal de tête, une vexation, un désir empêché, une négligence dont on se prétend victime : aussitôt ça chouine, ça pleurniche, ça consulte, ça se raconte, ça déprime, ça manifeste, ça fait chier, ça s'étend sur un divan. Mais quelle espèce sommes-nous ? Celle des pleurnichards prétentieux et sanguinaires. Nous geignons de nos inconforts et de nos angoisses, nous nous prétendons victimes de violence à la moindre contra-riété, alors que notre vie n'est que calme et volupté en regard de celle de nos victimes. L'existence n'est qu'un insupportable cri de douleur pour des centaines de mil-liards d'êtres vivants, simplement coupables de n'être pas humains. Dès que je ramène cette vérité à ma conscience, j'ai honte d'être en bonne santé, de ne pas avoir mal, de ne pas craindre pour ma vie lorsque je me réveille, j'ai honte de ne pas appartenir à ces incommensurables cohortes de condamnés au pire pour n'avoir pas eu la chance de naître au sein de l'espèce dominante.

L'image qui me bouleverse ce soir, surgie d'un réseau social, est celle d'un cheval couché sur le flanc au milieu d'une rue, dans une ville qui semble américaine. Un grand cheval brun. Exténué, il respire encore et de faibles soubre-sauts l'agitent par intermittences. Son corps est encore har-naché à une calèche bourrée de gens. Combien sont-ils ? Au moins vingt. Vingt connards qui regardent impassibles la vie qui s'enfuit, tuée par eux, adipeux fainéants à tee-shirts et casquettes se faisant tirer la graisse par cet unique cheval, triste esclave de notre saloperie. Vingt abrutis qui seront tranquillement rentrés chez eux après leur homicide, et se seront endormis la conscience à peine perturbée. Quelques passants, tout de même, se sont arrêtés et tentent de réanimer le pauvre cheval en lui donnant à boire avec leur bouteille d'eau.

Hier, c'était une vidéo qui montrait des poules épuisées, entassées dans des cages en fer à l'intérieur d'un camion qui les emmenait je ne sais où, probablement vers la mort.

Les pauvres bêtes étaient si impitoyablement serrées les unes contre les autres que plusieurs d'entre elles agonisaient entre les barreaux métalliques. L'image qui m'a particulièrement arraché le cœur est celle d'une poule dont la tête ensanglantée semblait coincée entre les barreaux : elle entrouvrait et refermait le bec, dans une répétition lente et désespérée, comme pour chercher de l'air et s'accrocher au mince fil de vie qu'il lui restait.

La veille surgissait une séquence dans laquelle un cerf est acculé par une meute de veneurs, un cerf terrorisé, épuisé, traqué jusqu'à une rivière où les chasseurs le noient sous les applaudissements.

Ces scènes d'une répugnante cruauté m'ont hanté très tôt. J'étais enfant, j'avais six ou sept ans peut-être, lorsque j'ai découvert pour la première fois ce qu'est un refuge SPA, avec ces chiens et ces chats recroquevillés dans un coin de leur cage, désespérant d'être adoptés pour recouvrer le ciel, la liberté et les caresses. Leurs regards déprimés ou implorants, leurs prières aboyées, leurs promesses de bonté pour quiconque accepterait de les emmener... Je me souviens ensuite de ces nuits à essayer de trouver le sommeil, anéanti, en sachant désormais qu'à quelques kilomètres seulement de moi, des animaux sans foyer se morfondaient derrière leurs barreaux, promis pour certains à une euthanasie prochaine.

Puis ce furent les images de bébés phoques massacrés à coup de bâton qui leur défoncent le crâne, de loups pris au piège dans des mâchoires métalliques qui leur brisent les os, de visons électrocutés pour leur fourrure, de rats piqués dans les yeux dans un labo, de singes ou de chats au cerveau mis à nu puis relié à des électrodes, d'éléphants abattus par de friqués amateurs de safaris, de cochons entassés dans des camions en route vers l'abattoir... Des images par milliers se sont déversées sur ma conscience, l'aspergeant de litres de torture et de sang. Images enfouies ensuite dans un coin de mémoire pour continuer à me préoccuper seulement de mon destin, comme j'y fus largement encouragé par la pression sociale. Cioran a raison lorsqu'il écrit que « la lucidité rend impropre à la vie ».

Mais avec l'âge qui avance, ce que j'avais caché par souci de tranquillité ressurgit de manière obsédante. Il me faut dire la douleur, la dénoncer et la combattre. Et pas seulement celle qui touche mes cousins non humains. Le couteau qui torture ou qui tue l'innocent me révulse, quelle que soit l'espèce à laquelle appartient la victime. Ceci étant, c'est un fait que la sauvagerie et le sadisme humains font plus de victimes parmi les non-humains. Rien que pour nous nourrir, environ 70 milliards d'animaux terrestres et 1 000 à 3 000 milliards d'animaux marins sont sacrifiés chaque année. Et il y a tous les autres, tués pour leur fourrure, pour le plaisir qu'ont quelques-uns de les chasser, exécutés dans des spectacles d'un autre âge, tués à petit feu en les enfermant dans des cages ou des aquariums, sacrifiés sur l'autel de la science, et tous ceux privés de leur habitat ou de leurs sources de nourriture. Les humains passent leur vie à détruire et exterminer, sans le moindre état d'âme, sans se rendre compte de ce qu'ils doivent au sacrifice imposé de ces millions de milliards d'animaux sans lesquels nous ne serions plus là depuis longtemps puisque nous avons volé leur peau, leurs os, leur chair, leur force, leur liberté, pour nous assurer toujours plus de confort.

Génocide

Préparez les stèles qui leur rendront hommage. Sortez le burin pour inscrire sur le marbre ces noms qui nous rappelleront nos forfaits. Écrivez : lions, tigres, guépards, chats sauvages, coyotes, hyènes, koudous, jaguars, léopards, lynx, panthères, pumas, zèbres, zébus, yacks, éléphants, rhinocéros, hippopotames, dromadaires, lamas, impalas, gazelles, gnous, girafes, dauphins, baleines, cachalots, lamantins, morses, phoques, narvals, otaries, orques, marsouins, chauve-souris, gibbons, chimpanzés, orangs-outans, gorilles, ouistitis, marsouins, tamarins, nasiques, bonobos, babouins, capucins, lémuriens, hérissons, furets, fouines, renards, putois, hermines, tamanoirs, tapirs, lièvres, loups, renards, sangliers, cerfs, mangoustes, musaraignes, ours, phoques, pandas, koalas, paresseux, visons, castors, kangourous, opossums, wallabies, wombats, lemmings, campagnols, cobayes, écureuils, gerboises, hamsters, loirs, chinchillas, marmottes, mulots, ragondins, souris, canards colverts, chouettes, alouettes, geais, corbeaux, faucons, hirondelles, mésanges, mouettes, vautours, rouges-gorges, moineaux, aigles, cigognes, fous de Bassan, raies, requins, anchois, anguilles, bars, cabillauds, rougets, barbues, colins, sabres, harengs, lottes, soles, congres, limandes, lieus, saumons, turbots, sardines, soles, dorades, merlans, maquereaux, merlus, thons, flétans, espadons, esturgeons, truites, langoustes, gambas, crevettes, homards, crabes, tourteaux, araignées de mer, moules, seiches, palourdes, poulpes, praires, pétoncles, encornets, huîtres, coques, bulots, escargots, lombrics, abeilles, guêpes, mille-pattes, araignées, scorpions, sauterelles, criquets, papillons, lézards, crocodiles, caïmans, orvets, couleuvres, vipères, coccinelles...

Disparues. Effacées. Bientôt ces espèces ne seront plus que des souvenirs à consulter en vidéo ou dans des zoos-musées où quelques spécimens seront conservés vivants et invités à se reproduire, pour la mémoire collective. Cette liste des animaux voués à l'extinction n'est pas exhaustive. Elle comprend en réalité quasiment tous les vertébrés sauvages, les insectes et les oiseaux. Les disparitions d'espèces se sont multipliées par cent depuis 1900, ce qui représente un rythme inédit depuis la disparition des dinosaures il y a 65 millions d'années. À l'époque, les trois quarts des espèces animales s'étaient éteintes, et il s'agissait alors de la cinquième extinction de masse du vivant. La Plateforme intergouvernementale scientifique et politique sur la biodiversité et les services écosystémiques (IPBES), qui compte 130 pays membres, est considérée comme « le GIEC de la biodiversité [1] ». Cet organisme a publié en mars 2018 le résultat du travail de 550 chercheurs qui se sont appuyés sur des milliers de publications scientifiques. D'ici à 2050 selon eux, 38 à 46 % des espèces animales et végétales sur l'ensemble de la planète pourraient totalement disparaître. Rien qu'en Afrique, les populations d'oiseaux et de mammifères risquent de diminuer de moitié d'ici à la fin du siècle. Les scientifiques soulignent par ailleurs qu'en

---

1. Ipbes.net.

Europe et en Asie centrale, 42 % des animaux terrestres et des plantes ont déjà disparu au cours des dix dernières années [1].

Quelques espèces risquent tout de même d'échapper à notre folie destructrice. Les fourmis et les rats, par exemple. Les fourmis, comme bon nombre d'insectes, ont de bonnes chances de survie grâce à leur résistance particulière. Je ne parle pas ici de leur capacité à porter une charge équivalente à mille fois leur propre poids, mais de leur adaptabilité aux circonstances extrêmes. Les fourmis, dont les ancêtres semblent être les guêpes, sont apparues sur Terre il y a 120 millions d'années. L'humain, je le rappelle, n'est là que depuis 3 millions d'années environ. La fourmi s'acclimate aux chaleurs des déserts et aux froids des sommets. Elle sait se repérer partout pour retrouver son chemin, alors que nous, humains, pouvons passer trois fois dans la même rue sans comprendre pourquoi on tourne en rond. Par ailleurs, les fourmis sont si nombreuses sur la planète qu'on estime que leur biomasse totale est équivalente à celle des 7,5 milliards d'humains. Enfin elles ont une organisation sociale qui privilégie le groupe, pour lequel certaines se sacrifient, et non les individualités. On peut donc raisonnablement imaginer qu'elles nous survivront, et que dans quelques millions d'années, lorsque notre espèce maudite aura disparu, elles repenseront à nous en rigolant – c'est une manière de parler bien sûr, à moins que leur évolution génétique leur permette d'ici là ce genre de réalisation mentale et une telle manifestation physique de l'ironie.

---

1. Anne-Sophie Boutaud, « Biodiversité : l'état d'urgence », *CNRS le journal*, le 29 mars 2018.

Parmi les mammifères, il est évident que toutes les espèces sauvages qui font peu de petits au cours de leur vie, à commencer par celles qui ont un temps de gestation très long (baleines, girafes, éléphants, chevaux, chevreuils, phoques, orques ou singes), vont s'éteindre rapidement. En revanche, les rats dont les femelles mettent au monde chaque année plusieurs portées d'une dizaine de bébés, et qui se singularisent par une intelligence sous-estimée, peuvent sans doute survivre malgré la guerre que nous leur menons.

À part ces quelques espèces qui démontreront à cette occasion leur supériorité sur l'homme en survivant à tous leurs pièges, les animaux sauvages seront bientôt tous effacés de cette planète. Ne subsisteront que les animaux produits pour notre bénéfice direct, essentiellement pour leur viande et leur peau. L'anthropologue Claude Lévi-Strauss l'avait prédit dès le début des années 1980 : « Il est certain que nous nous dirigeons vers un monde où il n'y aura plus d'une part que l'Homme, et d'autre part les espèces animales et végétales que l'Homme aura sélectionnées et protégées pour ses propres besoins. Tout le reste aura disparu [1]. » Vaches, cochons, poules, lapins, chèvres, moutons, saumons, truites ou sardines : dans des hangars ou des bassins surpeuplés continueront à être engraissés les tristes et éphémères rescapés du génocide animal.

« Génocide » : j'emploie le terme à dessein, alors qu'il m'a été auparavant reproché par quelques grincheux considérant que les animaux non humains exterminés ne méritent pas qu'on leur accorde cette reconnaissance

---

1. Entretien avec Jacques Chancel dans *Radioscopie*, le 13 avril 1981.

sémantique. Pire : selon ces outrés, utiliser le mot « génocide » pour des non-humains reviendrait à insulter la
mémoire des juifs, des Roms, des Tutsis, des Arméniens,
des Amérindiens, des Tchétchènes, des musulmans de
Srebrenica et de toutes les autres populations auxquelles ce
terme peut être lié. Le mot « génocide » devrait selon eux
être réservé aux hommes, femmes et enfants de l'espèce
humaine exterminés en masse en raison de leur religion,
de leur nationalité ou de leur ethnie. Hors de question d'y
associer des cochons et des poulets. Cette objection ne
repose pourtant sur aucun fondement moralement défen-
dable.

En effet, le mot « génocide » vient du grec γενος, qui
veut dire « genre, race, espèce », et du latin *caedere* qui
signifie « abattre, tuer, massacrer ». Étymologiquement, un
génocide désigne donc le massacre d'une espèce. C'est
exactement ce que nous faisons lorsque nous éliminons
sciemment de la surface de la Terre des centaines d'espèces,
lorsque nous vidons les océans de leurs poissons et mammifères, et lorsque nous exécutons 70 milliards d'animaux
d'élevage terrestres par année. Comment oser nier qu'il
s'agit bien de massacres de masse, organisés et planifiés ?
Historiquement, le mot « génocide » renvoie à l'éradication
d'un groupe d'individus liés par un critère commun
d'identité. Pourquoi faudrait-il exclure du champ d'appli-
cation de ce terme les individus non humains ? Et pourquoi l'espèce serait-elle un critère moins pertinent que
l'appartenance religieuse ? Si l'on considère que le massacre
de masse, pour être qualifié de génocide, doit relever de
l'idéologie, alors là encore le mot convient parfaitement
aux animaux non humains exécutés chaque jour. Car ces
tueries sont permises au nom d'une idéologie baptisée

« spécisme », qui consiste à nier à ces condamnés leurs spécificités biologiques et à les rabaisser au rang d'utilitaires dont l'existence ne compte pas, ou si peu.

Le mot « génocide » appliqué aux animaux se retrouve d'ailleurs sous la plume du philosophe Jacques Derrida qui, bien que juif lui-même et donc membre d'une famille humaine victime de génocide, ne craint pas de l'employer à propos de l'assujettissement de l'animal dans l'époque moderne : « Personne ne peut plus nier sérieusement que les hommes font tout ce qu'ils peuvent pour dissimuler ou pour se dissimuler cette cruauté, pour organiser à l'échelle mondiale l'oubli ou la méconnaissance de cette violence que certains pourraient comparer aux pires génocides (il y a aussi des génocides d'animaux : le nombre des espèces en voie de disparition du fait de l'homme est à couper le souffle) [1]. » Derrida note ensuite la spécificité du génocide animal, en comparaison aux génocides juif ou tzigane pendant la Seconde Guerre mondiale : l'organisation d'une « survie artificielle », et dans des conditions abominables, d'une partie des espèces quotidiennement et méthodiquement massacrées.

L'écrivain américain Isaac Bashevis Singer, prix Nobel de littérature, végétarien et formidable conteur yiddish, a pour sa part établi un parallèle très clair entre le sort des animaux d'élevage et celui des victimes du régime hitlérien. Dans l'une de ses nouvelles, *The Letter Writter*, l'un des personnages déclare : « Dans les relations avec les animaux, tous les gens sont des nazis ; pour les animaux, c'est un éternel Treblinka. » Marguerite Yourcenar, « végétarienne à 95 % », considérait pour sa part que l'horreur des camps a découlé de nos comportements à l'égard des animaux : « Je

---

1. *L'Animal que donc je suis*, Éditions Galilée, 2006, p. 46.

me dis souvent que si nous n'avions pas accepté, depuis des générations, de voir étouffer les animaux dans des wagons à bestiaux, ou s'y briser les pattes comme il arrive à tant de vaches et de chevaux, envoyés à l'abattoir dans des conditions absolument inhumaines, personne, pas même les soldats chargés de les convoyer, n'aurait supporté les wagons plombés de 39/45 [1]. »

Ne nous limitons pas aux points de vue d'intellectuels reconnus, auxquels on accordera peut-être un minimum de crédibilité sur la question animale en raison de la pertinence générale de l'œuvre. Ce qu'ont à dire des anonymes qui ont expérimenté les processus industriels de l'exploitation et de la mise à mort des animaux mérite aussi d'être entendu, et bien plus que les protestations germanopratines d'écrivaillons à l'indignation autocentrée. Ainsi ce témoignage qui m'a été spontanément adressé, dont je ne change pas une virgule, tout en préservant l'anonymat de son auteur : « Bonjour, je suis ingénieur agronome, mais là n'est pas le sujet. Dès l'âge de cinq ans, mon grand-père boucher-charcutier m'emmenait aux abattoirs "pour faire de moi un homme". Je suis devenu végétarien. Cinquante ans plus tard quand je vois du sang ou de la viande, j'ai encore des hallucinations (les cris, le regard des bêtes, le sang, les paniques). Buchenwald ! »

La similitude entre le sort des animaux d'élevage et les prisonniers des camps allemands est évidente. Dans les deux cas, le bourreau organise la réification de la victime et la négation de tout ce qui la caractérise en tant qu'individu, à commencer par sa sensibilité et sa dignité. Devenue objet sans le moindre droit, la victime est privée de toute possibilité d'expression, ses besoins sont négligés, et sa

---

1. *Les Yeux ouverts*, Livre de poche, 1981.

survie dépend uniquement du bon vouloir de ses gardiens et bourreaux. Pour être précis, il convient de dire que les élevages industriels sont à mi-chemin entre le camp de concentration et le camp d'extermination. Le camp de concentration est un camp de travail où les prisonniers passent un certain temps avec l'espoir de survivre aux travaux forcés. Le camp d'extermination est un endroit où les arrivants n'ont quasiment aucune chance d'en réchapper. Ils ont été amenés là pour être éliminés à la chaîne. Exactement comme les animaux d'élevage, dont le destin est scellé dès leur naissance : « Tu mourras, et le plus vite possible. » Mais il leur faut bien engraisser un peu avant. Ils sont donc nourris pendant des semaines ou des mois, sans travail en retour – hormis les vaches laitières, engrossées à répétition pour fournir lait et veaux. Il existe des élevages plus cruels que d'autres. Les lapins ou les visons, par exemple, enfermés toute leur courte vie dans une minuscule cage aux barreaux de métal, sans la moindre possibilité de mouvement ou d'action, subissent sans doute le pire. Mais parlons des cochons, des vaches, des poulets ou des veaux, dont on nous vante souvent la vie jolie : parqués dans des hangars surpeuplés comme les prisonniers dans leurs dortoirs, amputés de la liberté minimale nécessaire à l'expression d'eux-mêmes, envoyés à la mort à la chaîne, après avoir suffoqué dans des camions surchauffés où, entassés les uns sur les autres, certains succombent avant même d'être arrivés à l'abattoir. Les hommes, les femmes et les enfants condamnés par les nazis ne furent-ils pas envoyés vers l'enfer... dans des wagons à bestiaux ? N'ont-ils pas suffoqué, entassés les uns sur les autres, et beaucoup n'ont-ils pas péri en route ? N'est-il pas courant de dire que les prisonniers des nazis ont été traités « comme des animaux » ? Le gazage est d'ailleurs l'une des

méthodes d'étourdissement employées pour les animaux :
il est entre autres pratiqué en France sur les cochons dans
les abattoirs d'Alès et d'Houdan.

Il est donc simplement une évidence que les animaux
d'élevage sont traités avec les mêmes méthodes que les prisonniers des camps allemands, même s'il faut convenir que
leurs tortionnaires sont mus par l'indifférence, et non par
la haine. Refuser d'admettre la communauté de destin de
ces populations est une malhonnêteté intellectuelle qui
confine au négationnisme et concourt à entretenir la barbarie, c'est-à-dire la violence justifiée par des prétextes inte-
nables. Que les maîtres de la pensée prémâchée remballent
leur indignation de supermarché et qu'ils acceptent de
réfléchir un instant à leur sectarisme spéciste. Qu'il doit
être sec, le cœur qui refuse à l'animal sacrifié la reconnaissance de son martyre.

AYMERIC CARON

Nina et les viandales

PIÈCE EN UN ACTE MILITANT

FLAMMARION

Un dîner, un samedi soir, dans l'appartement parisien de François, journaliste, et Agnès, attachée de presse. Ils ont invité deux couples d'amis : Marie-Cécile, avocate, et Laurent, directeur des ressources humaines, ainsi que Sophie, responsable merchandising, et Esteban, ingénieur informatique.

Ils parlent du chômage qui ne baisse pas « surtout à cause de ceux qui ne veulent pas faire d'efforts », « regardez les Allemands et les Anglais, ils l'ont bien compris », de la dette « qu'il faut absolument réduire », on évoque la Syrie pour convenir que « c'est dramatique ce qui se passe là-bas », on commente Donald Trump « qui fait tellement regretter Obama, même si son bilan aurait pu être meilleur ». Au moment du dessert, alors que la conversation commence à retomber, la clé tourne dans la porte d'entrée. Une jeune femme fait son apparition et salue l'assemblée. Elle s'appelle Nina, elle a vingt-deux ans, grande brune aux cheveux bouclés, yeux clairs, elle est la fille des organisateurs du dîner, elle habite encore chez ses parents. Elle connaît les invités pour les avoir croisés souvent.

Nina : Bonsoir tout le monde… Je vous embrasse de loin, je vais me coucher, je suis crevée…

Laurent : Salut Nina ! Dis-moi, tu es de plus en plus jolie ! Qu'est-ce qui te rend belle comme ça ? C'est l'amour ?

Marie-Cécile : Mais qu'est-ce que t'es lourd parfois… Ta remarque est déplacée et sexiste. Franchement tu me fais honte…

Laurent : Non mais si on peut plus rien dire alors ! Je connais Nina depuis quinze ans au moins… C'est comme ma nièce… Non franchement, c'est toi qui es relou…

Agnès : Bon, vous n'allez pas vous engueuler !… Nina, avant de te coucher, tu ne veux pas un bout de dessert ? J'ai fait une tarte Tatin, il en reste…

Nina : Elle est végane, cette tarte ?

Agnès : Non, mais écoute, j'ai juste mis un peu de beurre. Franchement, tu ne vas pas te priver pour ça…

Sophie : Tu es devenue végane Nina ?

Nina : Depuis déjà un bout de temps…

Esteban : Le véganisme ! On n'entend plus parler que de ça ! Ça fait presque peur… Pourtant ils sont combien les végans en France ? 1 % ? 2 % ? Franchement, j'ai rien contre eux, hein Nina, tu me comprends, mais là c'est un peu exagéré… Tiens, moi j'aime les voitures de course. J'adore ça même. On doit bien être 1 % de Français à aimer les voitures de course, non ? Ben vous nous entendez jamais… On ne veut rien imposer à personne…

Sophie : Elle est un peu débile, ta comparaison…

Esteban : Mais pas du tout ! C'est la même chose… Tiens, toi tu aimes… Tu aimes quoi déjà ? Tu aimes… Euh… La course à pied… Voilà… Tu adores courir trois fois par semaine… C'est super ! Il y a bien 3 ou 4 % de Français qui courent, non ? Hé bien ils n'imposent pas la course à pied aux autres.

Laurent : Ne le prends pas mal Esteban, mais Sophie a raison, cela n'a pas vraiment de rapport…

Esteban : Personne ne me comprend…

François : Si, si, Esteban, on a bien compris, mais tout ça n'est pas bien grave. Ma fille est végane, elle fait ce qu'elle veut, et ça ne dérange personne. Sinon Nina, tu as passé une bonne soirée ? Tu viens d'où ?

Nina : J'étais à une manif…

Laurent : Une manif le soir ?

Nina : C'était une manif devant un abattoir.

Marie-Cécile : Devant un abattoir ?

Nina : Oui, pour réclamer l'abolition des élevages.

Esteban : Vous voyez, ça va trop loin cette histoire…

François : Et ça s'est bien passé ?

Nina : Oui, comme d'hab… Les flics ont fait tampon entre nous et les éleveurs qui avaient préparé un comité d'accueil… On s'est pris des œufs sur la tête… Rien de grave…

Sophie : Sinon qu'est-ce que tu deviens, Nina ? Tu étudies toujours les animaux ?

Nina : J'ai fini mon master de biologie animale et je suis actuellement un cursus de droit animalier…

Laurent : Ah oui… C'est intéressant ça… Les droits des animaux… Hein Marie-Cécile, toi qui es avocate, ça te changerait de défendre des animaux. Remarque, tu défends déjà de temps en temps des porcs !

Tous les invités : Ah, ah, ah !

Nina : Mes parents auraient préféré que je sois médecin ou que je fasse l'ENA… Je suis un peu la déception de la famille…

Agnès : Tu exagères toujours, Nina… Du moment que tu es heureuse, nous le sommes aussi. Nous t'avons seulement dit que nous ne sommes pas certains que tu puisses trouver un boulot qui paye bien dans ce domaine, les animaux… Et nous sommes inquiets pour ton avenir, c'est normal, nous sommes tes parents !

Nina : Mon avenir, il est mal barré à cause de l'état de cette putain de planète, du réchauffement climatique, des perturbateurs endocriniens, du glyphosate, des particules fines, bref, tout le joli bordel que vous avez foutu et dont j'hérite… Le chômage, là-dedans, c'est presque un détail.

Agnès : Excusez notre fille, j'ai l'impression qu'elle est toujours en colère après la terre entière. Elle tient ça de son père. François a été écolo quand il était jeune, et je crois qu'il a déteint sur sa fille.

François : Allons, chérie… Je suis allé une seule fois à une manif contre le nucléaire. J'avais dix-sept ans, et c'était pour faire plaisir à une fille de ma classe qui était super mignonne. Elle était très branchée Larzac, tout ça. Mais c'est vrai que j'ai une certaine fibre écolo… Je trie les emballages, je ne prends pas de bain : c'est ma manière d'aider à sauver la planète.

Nina : Si tu crois que tu vas sauver la planète en prenant des douches… Mais au moins ça te donne bonne conscience.

Laurent : Moi, je pense, chers amis, que vous devriez être fiers de Nina. Je lui dis bravo en tout cas. Elle a raison de s'intéresser à la nature…

C'est beau la nature, et c'est vrai qu'elle est très malmenée en ce moment. Vous avez vu que le dernier rhinocéros blanc de la planète est mort cette semaine ?

Sophie : Oui, c'est terrible. Encore une espèce qui s'éteint…

Marie-Cécile : J'ai entendu que c'est le dernier mâle qui est mort, mais qu'il reste deux femelles en vie.

Esteban : Oui ben sans mâle, je ne vois pas comment l'espèce va se perpétuer…

Nina : C'est le dernier rhinocéros blanc mâle du Nord qui est mort… Il reste quelques milliers de rhinocéros blancs du Sud…

Esteban : Ah ? Il y a différents rhinocéros ?

Laurent : Ce n'est pas gris un rhinocéros ?

Nina : Le rhinocéros blanc n'est pas blanc, il est gris clair.

Sophie : Pourquoi on l'appelle « blanc » alors ?

Marie-Cécile : Il serait temps de se remuer vraiment et d'arrêter ce massacre des animaux sauvages.

Sophie : Ça c'est le braconnage… Mais les gouvernements dans ces pays sont corrompus et ils laissent faire.

Marie-Cécile : C'est sûr !

Esteban : Mais ça vit où un rhinocéros ? En Afrique ou en Asie ?

Nina : Les deux.

Marie-Cécile : Oh on est allés en Asie l'été dernier, au Laos, c'était magnifique, et les Laotiens sont si gentils !

Esteban : Il y a des rhinocéros au Laos ?

Marie-Cécile : On n'en a pas vu, en revanche il y a des gibbons magnifiques… On a dormi dans une forêt à la frontière thaïlandaise, dans des cabanes, et au petit matin on a pu voir les gibbons jouer dans les arbres, c'était incroyable !

Sophie : Justement, nous on était en Thaïlande l'été dernier… C'est marrant, on était voisins !

Laurent : Ah oui, c'est fou ça !

Marie-Cécile : Vous étiez à Phuket ?

Sophie : Non, Chiang Mai, à l'intérieur…

Nina : Il reste moins de 30 000 rhinocéros noirs en Afrique. Ils étaient 100 000 en 1960. Vous savez que quatre des cinq espèces de rhinocéros pourraient avoir disparu dans quelques années ? La corne de rhinocéros se trafique jusqu'à 50 000 euros le kilo, c'est-à-dire plus cher que l'or ou la cocaïne.

Laurent : Cinquante mille euros le kilo de corne de rhinocéros ? C'est rentable ! On aurait besoin de deux ou trois cornes pour les travaux de notre maison dans l'Aveyron, hahaha !

Marie-Cécile : Ne plaisante pas avec ça, c'est pas drôle.

Esteban : Mais pourquoi ça coûte si cher, la corne de rhinocéros ?

Nina : À cause de croyances débiles qui lui prêtent des vertus médicinales imaginaires, genre soigner le cancer ou l'impuissance. La poudre de corne de rhinocéros se consomme énormément en Asie, surtout en Chine et au Vietnam, même si la vente est officiellement interdite. Mais les braconniers n'en ont rien à foutre. Ils mutilent les animaux, souvent à vif, en leur volant leur corne, et les laissent ensuite crever. Ces dix dernières années, un quart des rhinocéros qui vivaient en Afrique du Sud ont été tués. Un quart ! En dix ans seulement. Vous vous rendez compte ? Les rhinocéros vont disparaître de la planète à cause de nous, une fois de plus.

Laurent : Oui, c'est terrible…

Esteban : Effectivement.

Laurent : Vous avez vu des rhinocéros en Thaïlande ?

Nina : Il n'y a pas que les rhinocéros qui disparaissent. Attendez, j'ai les chiffres dans un bouquin, bougez pas. Je cherche la page… C'est un livre sur l'antispécisme, vous devriez le lire, ça remet en cause le point de vue traditionnel que l'on porte en Occident sur les animaux. Voilà, j'y suis… « Les tigres : il y a un siècle, on en dénombrait 100 000 en Asie. Seulement 3 200 aujourd'hui : moins 97 %. Les éléphants : en Afrique, ils étaient 20 millions il y a un siècle, 500 000 aujourd'hui : moins 97,5 %. En Asie, il y avait 100 000 éléphants il y a un siècle, 50 000 aujourd'hui : moins 50 %. Les lions : 200 000 lions en Afrique il y a un siècle contre 40 000 aujourd'hui : moins 80 %. Les chimpanzés : 1 million de chimpanzés il y a un siècle ; 220 000 aujourd'hui : moins 78 %. » Il y a une étude que j'ai lue récemment qui affirme que la moitié des animaux vivant sur cette planète a disparu depuis quarante ans.

Sophie : Pauvres bêtes… C'est triste.

Agnès : C'est terrible en effet, tous ces chiffres… Qui reveut du fromage ?

Nina : La population des oiseaux des campagnes, par exemple, a diminué de 30 % ces quinze dernières années. Dans certains endroits, la population de perdrix a diminué de 90 %.

Esteban : Tiens, c'est marrant, nous sommes allés dans notre maison de campagne à Rambouillet le week-end dernier, et nous en avons encore vu plusieurs, des perdrix.

Nina : Des perdrix sauvages ? Ça m'étonnerait. Vous avez croisé des perdrix d'élevage, destinées aux chasseurs. Elles sont lâchées chaque année pour pallier le manque de gibier « naturel ». Et comme elles ne sont pas du tout habituées aux prédateurs et aux risques liés à la liberté, elles traînent tranquillement sur le bord des routes. Ce qui d'ailleurs contredit complètement la légende qui raconte que les chasseurs servent à réguler les espèces. Mais vous savez pourquoi les oiseaux des campagnes disparaissent ?

Laurent : Le réchauffement climatique ?

Nina : Cette fois pas vraiment. En plus de la chasse, les oiseaux meurent dans les campagnes à cause de la perte de leur habitat et des pesticides, et notamment les néonicotinoïdes.

Esteban : Les néno-tico-coïdes ? Les néo-tico-nides ?

Nina : Néonicotinoïdes. Des pesticides hyper-puissants qui ont également une responsabilité dans la disparition des abeilles. 30 % des abeilles meurent chaque année alors qu'il y a trente ans, le taux de mortalité s'établissait entre 5 et 10 %.

Esteban : À cause des nano-tico-déïdes ?

Nina : Néonicotinoïdes. Oui, mais pas seulement. Les abeilles disparaissent aussi prématurément à cause de virus, de maladies, de parasites, des fleurs moins nombreuses, de la pollution de l'air ou encore de la multiplication des ondes. La disparition des abeilles pose un énorme problème pour les écosystèmes.

Laurent : Ah ça c'est vrai ! Einstein l'a dit : « Si l'abeille disparaît, l'humanité en a pour quatre ans à vivre. »

Esteban : Quatre ans ? Il était fort en calcul, Einstein...

Nina : Sauf qu'il n'a jamais dit ça.

Sophie : Comment ça ?

Nina : Il sagit d'une citation apocryphe.

Esteban : Pourquoi dites-vous que c'est hypocrite ? Au contraire, c'est franc et courageux !

Nina : Pas « hypocrite » ! « Apocryphe » ! Ça veut dire que c'est un propos qui lui est attribué à tort. Apparemment, ce sont des apiculteurs qui manifestaient au début des années 1990 à Bruxelles qui ont inventé la citation. Ce qui est vrai en tout cas, c'est que 30 % de notre alimentation dépendent des abeilles (je veux parler des fruits, légumes ou oléagineux). Donc les abeilles nous sont extrêmement utiles, et d'ailleurs la valeur marchande de ce service écosystémique est estimée à 150 milliards d'euros par an dans le monde. Ça devrait faire réfléchir nos dirigeants qui ont une calculette à la place du cerveau. Il n'y a pas que les abeilles d'ailleurs. Plus de 75 % des insectes volants ont disparu en Europe depuis trente ans. Et pour les vers de terre, c'est pas mieux...

Marie-Cécile : Les vers de terre ? C'est pas vraiment un animal, ça ressemble à un spaghetti, ça n'a pas de membres...

Nina : Un lombric n'a pas de membres mais il possède un cerveau, des organes, et il a plus de cœurs que toi.

Marie-Cécile : C'est-à-dire ?

Nina : Un ver de terre possède plusieurs paires de cœurs.

Marie-Cécile : Il n'empêche, ce n'est pas ragoûtant, un ver de terre… Ça glisse et c'est gluant, je déteste ça…

Nina : Ta détestation est puérile. Ou freudienne, au choix. Les lombrics font partie des animaux injustement mal-aimés : ils sont inoffensifs et sans eux, nous ne pourrions pas survivre longtemps. Ils sont indispensables à l'enrichissement nutritionnel des sols, ils les aèrent, limitent leur érosion, les rendent fertiles, et les galeries qu'ils creusent favorisent l'écoulement des eaux de pluie… En travaillant avec les champignons et les bactéries, les vers de terre recyclent les déchets et créent de nouvelles matières nutritives. Le lombric est un laboureur, un travailleur indispensable et ce qui est dingue, c'est que pendant longtemps il a été considéré comme l'ennemi des agriculteurs. C'est vous dire combien la découverte et la compréhension du vivant peuvent nous faire passer par des chemins trompeurs. Les Irlandais ont même calculé que les vers de terre, en termes de services écosystémiques, leur rapportent 700 millions d'euros par an, rien qu'en enfouissant le fumier des bovins. Eh bien malgré tout ça, le lombric est en train d'être éradiqué. Leur population a diminué de 90 % en France depuis 1950. La faute aux pesticides et aux machines de labour industriel. Vous savez que l'énorme majorité de ce que nous consommons provient des sols. C'est pour ça qu'Hubert Reeves, l'astrophysicien, a dit récemment que la disparition des vers de terre est aussi grave que le réchauffement climatique. D'ailleurs, saviez-vous que les vers de terre représentent la première biomasse animale terrestre ?

Laurent : Biomasse ? C'était pas un feuilleton japonais que regardaient les enfants il y a trente ans ?

François : Non, tu confonds avec *Bioman*…

Laurent : Ah oui, pardon !

Nina : C'est pas fini les blagues Carambar ? La bio-masse, c'est la masse totale des êtres vivants présents sur Terre, animaux ou végétaux. On estime qu'en moyenne il y a 1 tonne de vers de terre par hectare dans le sol. Et ça peut être quatre fois plus selon la nature de la terre. Clairement, le jour où ils ne seront plus là, on sera bien emmerdés. Remarquez, comme pour les abeilles, on les remplacera, j'en suis certaine, par des petits robots qui feront le travail à leur place. Le vivant qui nous est le plus ostensiblement utile va progressivement être recréé artificiellement. Les machines, c'est plus pratique. On les contrôle complètement. Et ça résiste aux pesticides ! Tiens, encore une victime des produits chimiques : les hérissons. Vous avez remarqué qu'on ne voit plus de hérissons ?

Marie-Cécile : Nous, on habite en appart à Paris, donc on ne risque pas d'en voir…

Sophie : Mais c'est vrai que dans notre jardin de Rambouillet, on en voit rarement, des hérissons, hein Esteban ?

Nina : On ne voit presque plus de hérissons aujourd'hui dans les jardins, tellement ils ont été décimés ces dernières années. En Grande-Bretagne, les populations de hérissons ont diminué de moitié en vingt ans. Il en resterait environ 1 million, ce qui représente une baisse de 97 % depuis les années 1950 où on en dénombrait 30 millions. Eh bien la situation est comparable en France. C'est à cause de la prédation évidemment, mais surtout des pesticides, de l'urbanisation et des routes sur lesquelles beaucoup finissent écrasés. Les hérissons existent depuis 15 millions d'années et pourtant ils pourraient complètement disparaître dans les

139

décennies qui viennent. Sinon j'ai encore noté quelques chiffres qui devraient vous interpeller. Écoutez : il n'y a plus que 7 000 guépards sur Terre, 80 000 orangs-outans de Bornéo (leur nombre a baissé de 25 % en seulement dix ans), et 100 000 girafes. Vous aimez les sushis ?

François : Euh… quel rapport ?

Esteban : Le midi, oui, c'est super un plat de sushis au japonais en bas du bureau… Très bon pour la ligne en plus ! Vous n'avez pas remarqué que j'ai un peu perdu ?

Nina : Eh bien vous devriez arrêter d'en manger. C'est peut-être bon pour ta silhouette, et je t'en félicite, mais tu participes à l'extinction des thons rouges, qui servent notamment à fabriquer des sushis et des sashimis. Les quantités de thons rouges du Nord (qu'on appelle aussi thon rouge de l'Atlantique ou thon rouge de Méditerranée) ont diminué de 80 % entre 1950 et 2010.

François : Oui, d'accord, mais je crois que le problème est pris en charge par les États. Ils ont mis en place des quotas de pêche pour les thons rouges, si je ne m'abuse…

Nina : Ces quotas n'ont rien réglé, parce que pas assez ambitieux. Et aussi à cause de la fraude et de la pêche illégale. Les Japonais consomment énormément de thon, mais ils font aussi très fort en ce qui concerne les baleines.

Laurent : Des animaux très intelligents !

Nina : Ce qui n'empêche pas de les massacrer… Au XXᵉ siècle on estime que 1,5 million de baleines ont été tuées.

François : Sauf erreur de ma part, la pêche à la baleine est aujourd'hui interdite…

Nina : Oui, un moratoire international a été mis en place en 1982. Mais la Norvège, le Japon et l'Islande s'en foutent. Le Japon continue à pêcher 500 baleines chaque année, officiellement à des fins scientifiques, mais tout le monde sait que c'est faux. C'est simplement pour que les Japonais puissent consommer de la viande de baleine. La baleine bleue, qui est le plus grand mammifère de la planète, a presque disparu. Il y en avait 250 000 au siècle dernier. Il n'y en a plus que 5 000 aujourd'hui. Le réchauffement climatique et l'acidification des océans jouent aussi un rôle important.

Esteban : C'est quoi, l'acidification des océans ?

Nina : Il y a de plus en plus de CO_2 dans l'atmosphère, à cause des activités humaines, comme les industries et les transports. Environ un tiers de ce CO_2 est absorbé par les océans. Le CO_2 réduit le pH de l'eau de mer et plus le pH est bas, plus l'eau est acide. Or l'acidification nuit aux petits organismes à coquilles qui sont pourtant essentiels dans la chaîne alimentaire, comme le zooplancton qui a du mal à survivre. Le problème, c'est que beaucoup de poissons ou de requins ont besoin du zooplancton pour vivre. S'il n'y en a plus, c'est un gros problème… Et puisqu'on parle des baleines, je pourrais vous parler aussi des autres cétacés, les dauphins… Sur les côtes françaises, plusieurs milliers finissent chaque année dans les filets des chalutiers-bœufs pélagiques, c'est-à-dire des gros filets en forme de cornets de frites tirés par deux bateaux, des filets destinés à l'origine à pêcher les bars.

Laurent : C'est trop mignon, les dauphins… Je suis allé au Marineland d'Antibes l'an dernier… C'est fou les choses qu'ils sont capables de faire ! Des chorégraphies, des trucs drôles…

Nina : Ils crèvent d'être dans des bassins toute leur vie pour amuser la galerie, comme les orques.

Leur place est dans l'océan, pas dans des baignoires. Ça te plairait, toi, qu'on te force à faire le clown en te maintenant dans une petite cage toute ta vie, privé de tout lien social et de toute possibilité de bouger ?

Agnès : Allons Nina, n'agresse pas Laurent !

Laurent : Non, laisse Agnès, c'est pas grave, elle est passionnée...

Marie-Cécile : Agnès, puis-je te demander une tisane ?

Agnès : Oui, bien sûr ! Quelqu'un d'autre en veut ? Ou du café ? Du thé ?

Laurent, Sophie : Café !

Esteban : Un déca si c'est possible...

François : Je m'en occupe...

Sophie : En tout cas Nina c'est passionnant, vraiment, et tu es extrêmement bien renseignée. Je crois qu'on a tous bien compris où tu voulais en venir...

Nina : Je ne suis pas sûre. Tenez, encore un exemple : vous connaissez le pangolin ?

Sophie : Ça se mange ?

Laurent : C'est une sorte de pan bagnat ?

Nina : Très drôle. Le pangolin est un fourmilier à écailles d'Afrique et d'Asie du Sud-Est. C'est un petit animal très mignon qui ressemble à un artichaut sur pattes. Il est braconné en masse pour sa viande mais surtout à cause de ses écailles qui sont très prisées, en raison là encore de pseudo-vertus médicinales : on estime que jusqu'à 300 000 pangolins sont tués chaque année. Cet animal est aussi au bord de l'extinction, alors que c'est une espèce protégée. Le pangolin de Chine a perdu 90 % de ses effectifs depuis 1960. D'ici dix ans, le pangolin pourrait avoir complètement disparu de la surface de la planète.

Marie-Cécile : En même temps, on ne sait même pas ce que c'est… Et puis un fourmilier, c'est pas la fin du monde non plus !

Nina : Comme quoi être avocate ne protège pas de la connerie !

Marie-Cécile : Pardon ? C'est moi que tu traites de conne ?

Nina : Tes clients sont toujours de grands groupes industriels que tu représentes devant les prud'hommes ?

Marie-Cécile : Mais… Mais… Pas seulement… Je représente aussi des gens qui ont des problèmes, qui sont accusés injustement, qui…

Nina : Ouais, en tout cas tu te fais payer 400 euros de l'heure pour défendre des types ou des nanas dont tu te fiches bien de savoir si ce sont des enfoirés ou pas. Tout ce qui compte pour toi, c'est d'être grassement payée pour mener ton joli train de vie… Ce qui est drôle, c'est que tout ton boulot tourne autour de la question de la responsabilité : ton client est-il responsable de ce qu'on lui reproche ou pas ? Ça me fait marrer de penser que tu parles de « responsabilité » toute la journée sans même t'appliquer ce terme à toi-même.

Agnès : Nina ! Retire immédiatement ce que tu viens de dire ! Marie-Cécile, je suis désolée, je ne contrôle plus ma fille ! Depuis qu'elle est dans ces histoires d'écologie, elle devient invivable.

Nina : C'est la planète qui devient invivable, et vous me faites bien rire, tous ici autour de cette table, avec vos conversations faussement intelligentes et vos certitudes d'Occidentaux engraissés sur la sueur et le sang de populations méprisées, humaines et non humaines. Vous ne vous rendez même pas compte que vous vous engluez dans des préoccupations nombrilistes insignifiantes… Vous me faites chier avec vos vacances en Thaïlande ou au Laos et vos crèmes solaires indice 40 qui polluent la mer et tuent la vie animale aquatique. Ah c'est sûr, vous avez fière allure quand vous retournez au bureau ripolinés au bronzage asiatique, après avoir profité pendant quinze jours de votre pouvoir d'achat indécent qui vous permet de vous conduire en colonialistes certains de leur bon droit, puisque dans le fond, vous méprisez ces populations moins chanceuses.

Marie-Cécile : Mais elle est folle ! Moi je vais y aller. Laurent, viens, on rentre…

François : Marie-Cécile, Laurent, restez, je vous en prie, Nina va se calmer ! Hein tu vas te calmer, Nina ?

Agnès : Nina, tu dis n'importe quoi ! Heureusement qu'il y a le tourisme dans ces pays pour faire vivre ces populations ! Ça participe à leur développement !

Nina : Mais oui, bien sûr ! En plus ils doivent nous dire merci de venir nous prélasser dans leurs hôtels de luxe qu'on ne pourrait jamais se payer s'ils étaient implantés en France avec nos normes sociales et économiques ? Sans nous, ils ne seraient rien, ils vivraient encore à l'âge de pierre, c'est ça ?

Agnès : Je ne dis pas ça, mais…

Nina : Bon de toute façon ce n'est pas le sujet, même si tout est lié. On parlait des pangolins. Peut-être que vous vous en foutez parce que vous ne savez même pas ce que c'est, un pangolin. Figurez-vous que les experts nous disent que leur disparition modifierait l'écosystème des forêts tropicales, puisque ça augmenterait les populations de fourmis et de termites. Ce que j'essaye de vous expliquer depuis tout à l'heure, c'est que la sixième extinction de masse du vivant sur Terre est en cours, et que c'est nous, les responsables !

Sophie : Pourquoi la sixième extinction ?

Esteban : Marie-Cécile, c'est trop bête ! Vous partez vraiment ? Il faut excuser Nina… C'est l'âge ! Enfin, souvenez-vous, quand on avait vingt ans, nous aussi on a cru à des conneries !

Nina : Parce que depuis 500 millions d'années et l'explosion de la vie animale sur la planète, on a déjà enregistré cinq extinctions massives. La dernière remonte à 65 millions d'années : c'est là que les dinosaures ont disparu.

Sophie : Que nous ayons une petite part de responsabilité, je veux bien, mais de là à dire que nous sommes les seuls responsables, c'est abuser. C'est le cycle de la vie : les espèces naissent et disparaissent un jour !

(On entend une porte claquer.)

Agnès : Ah ben ils se sont tirés… Bravo Nina, tu peux être fière de toi. Déjà que je supporte tes lubies véganes et voilà que maintenant tu insultes mes amis… Ça ne peut plus durer !

Nina : Exact, c'est vrai que presque toutes les espèces qui sont apparues un jour sur cette planète ont disparu. Mais pas au rythme actuel, qui est environ 1 000 fois plus élevé que le rythme « naturel » des disparitions. Depuis la révolution industrielle, nous avons été des champions pour détruire tout ce qui respire sur cette planète. Mais ça a commencé bien avant le XIXe siècle.

François : Le dodo !

Esteban : Tu vas te coucher ? Oui, nous aussi on va y aller…

François : Mais non, je parle du dodo, l'animal, un genre de gros pigeon carré...

Agnès : Ah oui ! Le dodo d'Alice !

Sophie : Quelle Alice ?

Agnès : Lewis Carroll... *Alice au pays des merveilles*... Elle rencontre un dodo ! Nina, il va falloir qu'on parle...

Esteban : Oui, c'est vrai... Le dodo est un oiseau qui a disparu à cause des hommes. Il se trouvait où déjà ? Sur l'île de Pâques ?

Nina : Maurice. Le dodo a disparu au contact des Européens, vers la fin du XVIIᵉ siècle. Mais plus récemment, d'autres animaux ont connu le même sort sans que cela émeuve outre mesure l'opinion et les politiques. Le dauphin de Chine a disparu en 2006, le rhinocéros noir d'Afrique de l'Ouest a disparu en 2011, le phoque moine des Caraïbes a disparu en 2008, le pic à bec ivoire a disparu en 1994, le bruant à dos noirâtre a disparu en 1987, les grizzlys mexicains ont disparu en 1964, les tigres de Java ont disparu en 1994, les otaries du Japon ont disparu en 1974, les bouquetins des Pyrénées ont disparu en 2000, les crapauds dorés ont disparu en 1999, les grenouilles plates à incubation gastrique (dont les petits naissaient dans la bouche) ont disparu en 1983...

Esteban : Mais comment tu sais tout ça ?

Nina : À chaque fois, les causes de la disparition sont similaires : pollution, insecticides, destruction de l'habitat, chasse, braconnage. Mais maintenant, en plus, il y a le réchauffement climatique. Si le réchauffement atteint les 4,5 degrés à la fin du siècle, ce qui risque d'arriver si les États ne prennent pas de réelles mesures, la moitié des espèces des régions les plus riches en biodiversité disparaîtra d'ici 2080, selon le WWF. 70 % des manchots royaux pourraient disparaître d'ici la fin du siècle. À cause du réchauffement, même maintenu à deux degrés, un quart des espèces de Madagascar pourraient disparaître d'ici 2080. Vous savez que la taille des mammifères sur cette planète diminue ?

Esteban : Non, mais qu'est-ce… C'est quoi le rapport ?

Nina : La mégafaune, ça vous dit quelque chose ?

Tous : …

Nina : Ce sont les plus gros animaux, ceux qui dépassent les 40 kilos… Une étude parue récemment dans la revue *Science* expliquait que depuis 125 000 ans, l'être humain a détruit tous les gros animaux de cette planète comme les mammouths, les rhinocéros laineux, les tigres à dents de sabre ou les paresseux géants, et que cette tendance continue. Bientôt il ne restera plus sur cette planète que des animaux plus petits que les humains, à part les vaches, dont on a besoin pour la viande et pour le lait. En fait, il ne restera plus sur cette planète que les animaux qui nous sont utiles pour nous faire de l'argent ou pour se remplir la panse. Et ce seront uniquement des animaux dont nous dirigerons la production. Finis les animaux sauvages.

Esteban : Nina, tu as dit que nous, humains, sommes les seuls responsables de cette destruction du vivant. Je te trouve caricaturale. Bien sûr que certains humains sont responsables : les braconniers, les trafiquants, les politiques qui ferment les yeux sur certains abus… Mais beaucoup de gens n'y sont pour rien ! En quoi suis-je responsable, par exemple ?

Nina : Oui, c'est plus tranquillisant de voir les choses comme ça… Ça apaise la conscience. Tu manges de la viande ?

Vivant

Esteban : Oui, mais je ne vois pas le rapport… Les animaux que je mange sont spécialement élevés pour ça… Je ne détruis pas la biodiversité !

Nina : Sauf que les animaux d'élevage que tu manges ont besoin d'être nourris. Et ils sont principalement nourris avec du soja en ce qui concerne les poulets et les cochons. Quant aux bœufs, pour leur assurer de meilleurs rendements, ils ne mangent pas que des céréales et du fourrage, mais aussi des tourteaux, qui sont des résidus de soja, de colza ou de tournesol. Les trois quarts du soja produit sur Terre servent à nourrir les animaux d'élevage, et d'ailleurs c'est principalement du soja OGM. Comme vous l'avez compris, les animaux sauvages disparaissent en raison de la chasse et du braconnage, mais aussi à cause de la destruction ou de la surexploitation de leur habitat naturel. Or la culture du soja porte une lourde responsabilité dans la destruction de cet habitat puisqu'en raison de la demande croissante de viande dans le monde, la production de soja a été multipliée par deux en vingt ans. Et pour y faire face on a détruit des tas de forêts, de savanes et de prairies. La culture du soja pour le bétail a des conséquences dramatiques, par exemple, sur les forêts d'Argentine et du Paraguay, avec des zones entières dévastées à coups de bulldozer. Et puis, il y a les répercussions sociales et sanitaires : d'abord parce que des populations autochtones ont été virées de chez elles et remplacées par les plantations, et ensuite parce que les familles qui vivent juste à côté tombent régulièrement malades… Est-ce que vous savez que la planète perd chaque année environ 50 000 kilomètres carrés de forêt ?

Sophie : Ah oui ? C'est beaucoup ça ? Je me rends pas compte…

François : Oui, quand même… C'est un gros département français à peu près…

Nina : Et même plusieurs : c'est une surface équivalente au Nord-Pas-de-Calais et au Centre réunis. En tout, depuis une trentaine d'années, 130 millions d'hectares de forêts ont disparu sur la planète, essentiellement dans les régions tropicales. Ça correspond à une surface équivalente à l'Afrique du Sud : 80 % de la déforestation dans le monde sont dus à l'agriculture. Et c'est un drame parce que les forêts abritent plus de la moitié des espèces terrestres d'animaux, de plantes et d'insectes, à qui elles fournissent un habitat et des ressources. Elles participent aussi à la lutte contre le réchauffement climatique en absorbant le CO_2 et elles fournissent de l'air et de l'eau, en permettant de reconstituer les nappes phréatiques. Vous commencez à le voir, le rapport entre votre morceau de viande et la disparition de la biodiversité ?

Sophie : Oui, tout à fait. Merci Nina, c'était très instructif… Bon ! On va peut-être y aller, hein chéri ? On se lève tôt demain !

Esteban : Absolument ! C'était super Agnès, ton repas était délicieux…

Agnès : Merci, c'est une vieille recette de famille : des paupiettes de veau oignons et tomates… Ça marche toujours.

Nina : Beurk. À vomir. Et les orangs-outans ? Ces vingt dernières années, leurs populations ont diminué de moitié : 150 000 orangs-outans en moins, à cause de la déforestation et de la chasse illégale. Ici, ce n'est pas le soja qui est en cause, mais l'exploitation de mines, la production de papier et d'huile de palme. L'huile de palme, vous en avez entendu parler quand même ?

Esteban : Oui, bien sûr qu'on a entendu parler de l'huile de palme, tu nous prends pour des abrutis ? C'est ce qu'il y a dans le Nutella, et ne t'inquiète pas, on est au courant, pas la peine de nous faire la morale, c'est pas bien de manger du Nutella.

Sophie : Moi ça me concerne pas, je ne prends jamais de petit déjeuner.

Nina : Il n'y a pas que le Nutella. L'huile de palme se trouve un peu partout dans l'agro-alimentaire, c'est l'huile végétale la plus consommée. On en trouve aussi dans les cosmétiques comme le dentifrice et même dans les agro-carburants. C'est un gros problème d'ailleurs. En France, la consommation d'huile de palme dans la consommation alimentaire a pas mal baissé ces dernières années, mais le souci maintenant, c'est l'essence. Total, par exemple, importe en France beaucoup d'huile de palme pour son usine de la Mède dont elle veut faire une « bioraffinerie ». Près de la moitié de l'huile de palme importée en Europe aujourd'hui est utilisée pour fabriquer du gazole soi-disant écolo. D'ailleurs c'est assez nouveau. Pendant des années, l'Europe a imposé aux fabricants de carburants de proposer des biocarburants qui étaient fabriqués à base d'huiles de colza et de tournesol, produites en Europe. Vous voyez le truc ? L'idée c'était de faire plaisir aux producteurs européens, ce qui en a enrichi un certain nombre de personnes. Donc la planète, là-dedans, tout le monde s'en foutait en fait. Et puis les raffineurs ont trouvé le moyen technique d'incorporer l'huile de palme dans leurs carburants, en la rendant plus fluide. Et là, boum, on importe.

Esteban : Mais quel est le rapport entre l'huile de palme et les orangs-outans ?

Sophie : Mais si, c'est connu, on en parle tout le temps : la destruction des forêts où ils vivent…

Nina : Exact. Pour produire de l'huile de palme, principalement en Indonésie et en Malaisie, on détruit les forêts où vivent les orangs-outans afin d'installer à leur place des palmeraies. Non seulement les orangs-outans sont chassés de leur habitat naturel, mais en plus quand ils s'aventurent sur les palmeraies pour chercher de la nourriture, ils sont traqués et on leur tire dessus. Il n'y a pas que les orangs-outans qui sont impactés. Ces derniers mois plusieurs éléphants pygmées ont été retrouvés morts dans des plantations d'huile de palme de l'île de Bornéo…

Sophie : Au fait Laurent, on n'avait pas dit qu'on irait à Noël au Club Med en Malaisie ? Il a l'air superbe…

Nina : … et comme ils ne portaient pas de trace de blessure, on pense qu'ils ont été empoisonnés en buvant l'eau polluée par les engrais.

Sophie : On va devoir y aller Nina, mais on partage vraiment ton combat, bravo, tu as raison, on est de tout cœur avec toi… Ah, si j'avais vingt ans de moins, je descendrais dans la rue avec toi !

Nina : Je ne descends pas dans la rue. Tu confonds avec la CGT. Ou avec les mecs un peu plus vieux que toi qui nous ont bien eus en Mai 68 en voulant changer le monde… pour leur gueule. Il y a d'autres façons, plus efficaces aujourd'hui, de manifester son indignation et d'agir que de hurler dans la rue. La révolution commence par des comportements individuels. Des boycotts. Une éthique de consommateur.

François : Oui, bien sûr, il faut arrêter d'acheter des produits à l'huile de palme !

Nina : Le cas de l'huile de palme est complexe. Elle est une nuisance pour la biodiversité puisque sa production menace plusieurs espèces protégées. Les orangs-outans mais aussi les gibbons, les tigres et d'autres. Pourtant l'UICN, qui recense ces espèces en voie de disparition, a récemment expliqué qu'il serait encore pire de remplacer l'huile de palme par d'autres huiles comme le colza, le tournesol ou le soja, parce que ces huiles-là demandent jusqu'à dix fois plus de terres pour une production équivalente. Les palmiers à huile occupent moins de 10 % des terres consacrées aux oléagineux, mais produisent plus d'un tiers de l'huile mondiale. Il faudrait continuer à produire l'huile de palme, mais avec des bonnes pratiques sociales et environnementales, en évitant des usages inutiles, et en diminuant notre consommation.

Esteban : Voilà, on essaye de bien faire mais comment on peut s'y retrouver ? L'huile de palme, c'est pas bien, mais l'huile de tournesol non plus… Bref si on écoute tout le monde, on ne fait plus rien, on ne mange plus rien !

Nina : Ce qui est facile à comprendre et facile à mettre en place pour chacun d'entre nous, c'est arrêter de manger de la viande. Je ne vais pas vous faire un cours sur l'impact de la production de viande sur l'environnement, je pense que vous connaissez.

Sophie : Oui, bien sûr, mais d'ailleurs nous avons réduit notre consommation de viande. On en mange moins qu'avant, hein Esteban ?

Esteban : Ah oui, et puis toutes ces images d'abattoir qu'on a vues sur Internet, ça nous a vraiment refroidis… Donc on fait attention… On mange moins de viande, et on essaye d'acheter de la qualité, dans la boucherie en bas de chez nous.

Nina : Quelle que soit la filière, les animaux sont abattus dans les mêmes conditions. Il n'existe pas d'abattoirs pour les petits éleveurs et les bouchers de quartier et des abattoirs pour les élevages intensifs et la grande distribution. De toute façon, le problème pour les animaux d'élevage n'est pas tant la manière de les abattre que le fait même qu'on les abatte.

Agnès : Ah, ça y est, elle va nous refaire son chapitre sur les animaux qui ont le droit de vivre !

Nina : Ce n'est pas un chapitre, c'est carrément un livre. Et votre cécité à ce sujet me sidère. Ce n'est pas un hasard si « boucher » et « bouché » sont homonymes. La question qui se pose est une question éthique : si mourir est le pire qu'il puisse advenir à tout être humain, pourquoi infligeons-nous ce traitement à des milliers de milliards d'individus non humains chaque année sur cette planète ?

Esteban : Mais justement, parce qu'ils ne sont pas humains !

Nina : Drôle d'argument dont chacun peut percevoir la limite intrinsèque. D'après cette théorie, nous pouvons nous autoriser n'importe quel traitement sur tout animal non humain. On peut, par exemple, le torturer puisque, justement, il n'est pas humain.

Esteban : Ah non, je n'ai pas dit ça ! J'affirme qu'il faut bien traiter les animaux que l'on élève. Je dis qu'on peut les tuer et les manger, mais qu'on doit aussi les respecter.

Nina : Curieuse position. Donc les animaux non humains qu'on exploite devraient être protégés des coups, des privations diverses, de tous les actes qui créent de la souffrance, mais pas de l'exécution qui ôte à ces animaux ce à quoi ils tiennent le plus, à savoir la vie ? Pourtant protéger un animal non humain des coups et des privations revient à reconnaître la sensibilité de cet animal et sa capacité à éprouver l'existence, au même titre qu'un humain. Or si cet animal non humain est sensible et qu'il éprouve la vie comme nous, pourquoi serait-il moins cruel de le priver de cette existence qu'il serait cruel d'en priver un humain ?

Esteban : Cruel ou pas, c'est le cycle de la vie ! Il faut bien qu'on bouffe et tous les animaux se bouffent entre eux !

Nina : Il y a plein d'animaux qui ne sont pas carnivores. Nous-mêmes, humains, ne le sommes pas.

Esteban : Mais on est omnivores, donc on est faits pour manger de la viande !

Nina : Non, nous sommes omnivores donc nous pouvons manger de la viande… ou autre chose. Et si nous pouvons manger autre chose, pourquoi manger des êtres sensibles qui, comme nous, ne désirent rien davantage que de continuer à vivre ?

Esteban : Ah mais les végétaux aussi sont sensibles ! Ils ressentent, ils communiquent, ils sont intelligents ! Eux aussi veulent vivre ! En ne mangeant que des fruits, des légumes et des céréales, les végétaliens comme toi détruisent aussi des êtres sensibles.

Nina : De quelle sensibilité parle-t-on ? Penses-tu réellement qu'une vache = une laitue ?

Esteban : Et pourquoi pas ? J'ai lu un livre passionnant à ce sujet, qui explique que les arbres souffrent. Ce sont des choses qu'on est en train de découvrir peu à peu !

Nina : Il me semble surprenant de devoir t'expliquer qu'une laitue et une vache, bien que tous deux vivants, ne sont pas identiques. Je pensais que cela ne t'avait pas échappé. La laitue n'a, par exemple, pas de cerveau donc pas de système nerveux central.

Esteban : Mais elle est peut-être dotée d'un système nerveux que nous n'avons pas encore identifié !

Nina : Oui, peut-être. Il n'en reste pas moins vrai qu'il est préférable, pour de multiples raisons, de manger une salade plutôt qu'un bœuf. Mais je suis épuisée, je vais me coucher. Bonne nuit les viandales !

Agnès : Les viandales ? Qu'est-ce que c'est encore que ça ?

Nina : Tourne la page, c'est expliqué juste après.

Viandales

Les militants pour les droits des animaux ne militent plus dans l'indifférence quasi générale. Leurs arguments, accompagnés de documents vidéo et d'études scientifiques toujours plus nombreuses, sèment un trouble grandissant. Alors les adversaires de leur pensée ont cessé de rire. Ils organisent désormais la riposte, accrochés de toutes leurs forces à leur rumsteck qu'ils nous balancent à la tronche comme un trophée, celui qui récompense leur statut auto-proclamé d'espèce supérieure. Ils publient des tribunes ou multiplient les actions publicitaires et commerciales. Ils évoquent le plaisir, le raffinement, la culture, la tradition et la nécessité pour justifier la poursuite de leur activité cannibale.

Oui, cannibale. Le mot peut déranger et surprendre. Qu'y a-t-il de commun entre la digestion d'un confrère humain et celle d'un animal quelconque qui parle une autre langue que nous, ne marche pas comme nous, et a une autre tête que nous ? La similitude est pourtant plus évidente que vous ne le pensez. Être cannibale, c'est manger son semblable. Nous, humains, avons pratiqué ce particularisme culinaire en de nombreux endroits du monde et en de nombreuses époques, pour diverses raisons : croyances religieuses, rituels guerriers, faim… Or l'anthropophagie, qui est aujourd'hui taboue, a longtemps marqué la frontière qui sépare le sauvage du civilisé. Mais ce critère ne tient plus la route aujourd'hui en raison de l'homme de Neandertal, dont on découvre qu'il était probablement cannibale, mais aussi qu'il a amoureusement frayé avec *Homo sapiens*. Désormais il n'y a plus beaucoup d'anthropophages sur la planète, et les sauvages ont donc disparu. Mais le lien se déplace et les cannibales existent toujours. Leur cible a juste légèrement changé d'aspect. Je suis persuadé que dans quelques années la frontière entre le sauvage et le civilisé se marquera par le fait de manger de la viande, c'est-à-dire la chair, les membres et les organes d'êtres qui nous ressemblent beaucoup plus qu'un regard furtif ne nous le laisse penser. Mais revenons à nos accrocs au sanguinolant.

Ceux-ci expriment parfois contre les végétariens, les végans et les anti-chasse ou anti-corrida, qui souvent sont les mêmes, une violence qui peut engendrer insultes, menaces et coups. Faut-il s'en étonner ? Ôter la vie à un être innocent qui ne demande qu'à continuer à vivre, sans la moindre raison moralement justifiable, est une violence inouïe. Il n'est donc pas surprenant que la même violence s'exprime lorsqu'il s'agit de défendre cette pratique. La chose est d'autant plus regrettable que le militant animaliste lance pour sa part un appel pacifiste à la compassion et à la raison.

Mais le pacifisme est une cause dangereuse. Jaurès, Luther King, Gandhi ou Yitzhak Rabin (celui des accords d'Oslo) : tous ont été assassinés pour avoir prôné la paix. Mandela s'en est mieux sorti, mais il a tout de même passé vingt-sept années au pénitencier de Robben Island. Par définition, un militant non violent a de fortes probabilités de sortir perdant face à un adversaire sans foi ni loi, partisan des coups et du sang versé.

Chacun connaît la primatologue Dian Fossey, assassinée au Rwanda en 1985 car elle gênait les trafiquants de bébés gorilles. La mort du militant sud-africain Wayne Lotter a fait beaucoup moins de bruit. Il a été assassiné en 2017 en Tanzanie, car il s'opposait aux braconniers d'éléphants et de rhinocéros. En 2014, en République démocratique du Congo, le Belge Emmanuel de Merode a été grièvement blessé par balles lors d'une embuscade. De Merode est le directeur du parc national des Virunga, qui abrite notamment une importante population de gorilles, et par un étrange hasard, l'attaque est survenue alors qu'il venait tout juste de déposer auprès du procureur de la République à Goma une longue enquête contre les agissements du groupe pétrolier Soco International, lequel avait obtenu une très douteuse autorisation d'extraction dans le parc.

Le nombre de militants de l'environnement tués dans le monde augmente chaque année. L'ONG Global Witness en a recensé 207 en 2017, contre 200 en 2016 et 185 en 2015. La fondation Front Line Defenders estime quant à elle à 312 le nombre de défenseurs des droits humains et environnementaux tués en 2017 dans 27 pays. Elle relève que 80 % des meurtres ont eu lieu dans quatre pays : le Brésil, la Colombie, le Mexique et les Philippines. On ne parle ici que des assassinats. Mais il y a les autres formes de violence qui vont des menaces aux agressions en passant par les expropriations. Cela se passe dans le monde entier, mais plus particulièrement en Amérique du Sud (Brésil, Colombie, Pérou, Honduras, Mexique…), en Asie (Philippines, Inde…) et en Afrique (Libéria, Ouganda, République démocratique du

Congo…). En jeu, souvent, des forêts et des terres menacées par des multinationales qui souhaitent extraire des matières premières ou planter des palmiers à huile et du manioc en expulsant les populations locales. Les commanditaires des violences sont généralement ces multinationales alliées aux politiques, aux mafias et aux paramilitaires locaux. « Pour la première fois [en 2017], c'est l'agrobusiness qui a été l'industrie la plus meurtrière, avec au moins 46 meurtres associés à ce secteur, explique Ben Leather de Global Witness. Les étagères de nos supermarchés sont remplies de produits issus de ce carnage [1]. »

Difficile de concevoir que la défense d'un arbre, d'un ruisseau ou d'une vache puisse valoir la peine de mort. Logique pourtant : l'exploitation du vivant est le moteur de l'économie libérale et chaque fois qu'un citoyen s'oppose à la destruction d'un arbre, d'un ruisseau ou d'une vache, il met en péril les intérêts financiers d'un individu ou d'un groupe industriel, à savoir des interlocuteurs qui ont rayé le mot « compassion » de leur dictionnaire.

Puisque nous évoquons le dictionnaire, j'aimerais proposer d'y ajouter un mot manquant. En effet, ceux qui militent pour la fin de la viande peuvent être désignés au choix d'*antispécistes*, de *végans*, de *végés*, d'*animalistes*… Mais en face ? Comment nommer les ardents défenseurs du steak, de la bavette, du filet, du gigot, du jambon, de la barbaque ? Quel mot résume le mouvement de pensée qui défend bec et ongles, pour des raisons diverses, l'élevage et les régimes carnés ? Sans avoir inventé le terme, la psychologue américaine Mélanie Joy a développé il y a quelques années le concept de *carnisme*. Je propose un

---

1. *Libération*, le 24 juillet 2018.

autre terme qui me semble plus performant et qui agit en miroir parfait du *végétalisme* : le « viandalisme », lequel a donc pour adeptes les « viandales ».

Non seulement ce néologisme découle de la logique étymologique mais il rend également compte, en mettant un « i » sur ce point, d'une réalité qu'il est difficile de nier : le mangeur de viande est un vandale, responsable de destructions multiples. Il détruit évidemment des animaux non humains, il se détruit lui-même en s'exposant aux maladies cardio-vasculaires, aux cancers et au diabète et, plus grave, il détruit la planète en polluant l'air, l'eau et les sols.

Les viandales sont-ils des salauds ? Non, pas tous. Les viandales agissent par habitude et par ignorance. Beaucoup ne se rendent pas compte de la cruauté des élevages et des méthodes d'abattage. Ils ignorent l'impact réel de la viande sur le réchauffement climatique, la déforestation ou la pollution aux nitrates. Ils ont par ailleurs été éduqués dans la certitude que les protéines animales sont indispensables à la santé. Leur palais s'est habitué au goût de la chair comme on s'habitue à une drogue dure, et se priver de jambon ou de poulet leur paraît insurmontable. Parmi tous ces gens, beaucoup aiment néanmoins les animaux et seraient incapables d'en maltraiter un eux-mêmes. Ils sont même la plupart du temps gênés d'admettre qu'ils consomment encore de la viande, ayant conscience de la cruauté de leur acte. Difficile de qualifier ceux-là de salauds. Je ne serai pas aussi indulgent à l'égard de ceux qui brandissent fièrement leur couteau de boucher en réclamant le droit de faire saigner, car « c'est dans l'ordre des choses » ou avec ceux qui mettent en place et exécutent sans pitié les étapes du parcours qui mène ces animaux à la mort.

Tous les viandales ne sont pas des salauds, mais tous sont des assassins.

En effet, l'assassinat est un meurtre avec préméditation. Un meurtre est le fait de donner volontairement la mort à un individu sans l'accord de ce dernier. Les animaux destinés à notre consommation sont des individus. Ces individus sont tués sans leur consentement de manière planifiée, organisée, c'est-à-dire préméditée. Donc celui qui envoie un animal à l'abattoir, celui qui égorge cet animal, mais aussi celui qui le mange et qui est le commanditaire réel de l'action, tous ceux-là sont des assassins responsables du meurtre prémédité d'un individu. Cette affirmation ne constitue ni une insulte ni un jugement de valeur, mais un simple constat de véracité sémantique : l'éleveur, le boucher et le mangeur de viande sont des assassins. Qu'ils ne s'offusquent pas s'ils lisent ces lignes. Qu'ils l'assument, au contraire. Et s'ils refusent de l'assumer, qu'ils se demandent pourquoi. Et qu'ils en tirent les conclusions.

Encore une chose. Parmi les justifications les plus alambiquées des viandales, il y en a une particulièrement cocasse, qui consiste à affirmer que les animaux d'élevage tirent avantage de leur sort. En effet, pendant leur vie, aussi courte fût-elle, ils sont pris en charge et protégés par les humains, alors qu'ils courraient tous les dangers dans la nature. La relation animal/éleveur serait donc équilibrée et profitable à tous. À ceux qui profèrent cet argument en pensant qu'il peut être pris au sérieux, je soumets ces quelques lignes de Noam Chomsky à méditer : « N'oublions pas comment s'impose toujours une idéologie. Pour dominer, la violence ne suffit pas, il faut une justification d'une autre nature. Ainsi, lorsqu'une personne exerce son pouvoir sur une autre – que ce soit un dictateur, un colon, un bureaucrate, un mari ou un patron –, elle a besoin d'une idéologie justificatrice, toujours la même : cette domination est faite "pour le bien" du dominé. En d'autres termes, le pouvoir se présente toujours comme altruiste, désintéressé, généreux [1]. »

Mais il y a d'autres arguments viandales qui méritent que l'on s'y arrête quelques instants.

---

1. Noam Chomsky, « Le lavage de cerveaux en liberté », *Le Monde diplomatique*, août 2017.

Quelques réponses aux viandales

Continuum : *l'insoutenable paradoxe*

Pour pouvoir continuer à bouffer en paix, les viandales avancent souvent l'argument ultime suivant : « Il est normal que nous mangions des animaux, puisque c'est ainsi que fonctionne la chaîne alimentaire : manger ou être mangé. » Ceux qui souhaitent polir d'une couche d'intellectualisme cet argument usé jusqu'à la corde le résument désormais régulièrement par un terme latin, « *continuum* », et expliquent que nous devons continuer à manger de la viande au nom du *continuum* du vivant.

L'assertion des viandales est factuellement inexacte : tous les représentants du monde animal n'en dévorent pas d'autres pour se nourrir. Nombre de mammifères, de poissons ou d'insectes sont herbivores : éléphants, girafes, rhinocéros, bœufs, chèvres, moutons, kangourous, lapins, marmottes, lamantins, etc. Il est surtout intéressant de noter que les viandales affirment ici que c'est au nom de notre animalité que nous sommes autorisés à bouffer tous les autres animaux de la planète. Ils reconnaissent donc clairement notre communauté de destin avec ces autres animaux : nous sommes les uns et les autres soumis aux

165

mêmes lois naturelles. Mais alors, si humains et non-humains sont unis par la même logique biologique, pourquoi ce qui est insupportable pour nous ne le serait-il pas aussi pour les autres animaux ? Être enfermé, être entassé, être séparé des siens, être privé de toute vie sociale, être castré à vif, être piétiné, être égorgé, être assassiné : ces traitements sont insoutenables et révoltants pour vous, pour moi, et pour tous nos congénères humains. Dès lors, puisque nous savons qu'ils sont atroces, pourquoi les autorisons-nous sur nos compagnons d'animalité ?

À cette question, deux réponses sont possibles :

1. Considérer que les animaux non humains qui subissent ces traitements n'en souffrent pas autant que nous, humains, pourrions en souffrir.

2. Reconnaître que les animaux non humains qui subissent ces traitements en souffrent autant que nous pourrions en souffrir, mais considérer que cette souffrance qu'ils subissent fait partie de la cruauté qu'impose le cycle du vivant (le fameux *continuum*).

La réponse 1 a longtemps prévalu chez les adeptes de Descartes et de sa rocambolesque théorie de l'animal-machine. Ce qui donne, dans le langage populaire : « Ce ne sont que des bêtes. » D'après cette conception les vaches, les cochons et les poules n'ont pas besoin d'espace, ni de divertissement, ni de rapports sociaux, et s'en fichent bien de vivre ou de mourir. Et dans ce cas nous, humains, serions les seuls animaux à éprouver ces besoins. Sauf que si « ce ne sont que des bêtes », cela signifie que nous, humains, n'en sommes pas. Et dans ce cas, distincts de tous les autres animaux, nous n'avons pas à être soumis aux mêmes règles, ce qui invalide l'affirmation initiale selon laquelle nous devons manger des animaux puisque nous sommes soumis à la loi générale du « manger ou être mangé ».

Par ailleurs, l'éthologie, c'est-à-dire la science du comportement des animaux dans leur milieu naturel, prouve chaque jour un peu plus que la croyance qui accorde aux animaux non humains une sensibilité amoindrie ou inexistante est en contradiction avec la vérité. Prenez la poule par exemple, cet animal méprisé et martyrisé partout dans le monde : rien qu'en France, plus de 30 millions de poules pondeuses passent leur courte vie (elles sont tuées au bout d'un an) dans des cages collectives entassées dans des hangars qui accueillent des dizaines de milliers de volatiles, sans aucune lumière naturelle. Le bec coupé pour éviter qu'elles s'entretuent avec leurs voisines d'infortune. Aucune possibilité de mouvement, pas même d'étendre les ailes. Mais si vous avez un poulailler chez vous et que vous le refermez la nuit pour prévenir les attaques de belette ou de renard, vous savez très bien que le matin les poules vous attendent avec impatience devant la porte grillagée que vous leur ouvrez pour qu'elles puissent se promener : elles ne supportent pas de rester confinées sans bouger. Vous remarquez aussi qu'elles ont des amitiés ou des inimitiés : certaines sont très copines, d'autres s'ignorent, d'autres encore se chamaillent. Il y a une hiérarchie dans la vie de groupe, des engueulades, des humeurs... Que fait une poule toute la journée ? Elle cherche de la nourriture, gratte la terre, prend des bains de poussière dans des trous qu'elle creuse elle-même dans le gazon, et aime parfois se retrouver perchée dans un arbre. Et si vous marchez par inadvertance sur la patte d'une poule, que fait-elle ? Elle crie. Logique. Une poule a mal, une poule veut vivre, une poule s'inquiète, une poule se réjouit, prend du plaisir, est empathique ou agressive, gentille ou égoïste, une poule veut goûter le soleil, le vent, les arbres… Bref, et j'y reviendrai dans quelques pages, une poule est à peu près comme nous, d'autant qu'elle est beaucoup plus intelligente que ce qu'affirme la réputation qu'on lui a faite.

L'argument 1 a donc très longtemps parfaitement fonctionné mais, depuis une vingtaine d'années la science l'a complètement ringardisé, le renvoyant au rang d'obscurantisme.

Affirmer que l'humain est forcément mangeur de viande au nom d'un *continuum* du vivant pose par ailleurs un énorme problème ethnologique. En effet, cela revient à affirmer que les humains végétariens ou végétaliens s'excluent d'un ordre naturel des choses et qu'ils ne réalisent donc pas pleinement leur humanité en s'inventant une identité alimentaire a-naturelle. Or cette critique ne concerne pas que les bobos parisiens convertis au quinoa et au soja, mais tous les peuples de cette planète qui ont choisi depuis des millénaires de ne pas ingurgiter d'animaux. Parmi eux il est possible de citer les 10 millions de jaïns, dont une majorité vit en Inde, pays qui compte environ 40 % de végétariens soit un demi-milliard de personnes. On peut également penser aux communautés bouddhistes de Chine. D'après l'argument du *continuum*, ces personnes seraient dans l'erreur et dans la négation de leur humanité profonde. Comment ne pas comprendre que cet argument n'est rien d'autre qu'une accusation anthropocentrique ? L'Occident compte par ailleurs de nombreux adeptes du sans-viande : l'Allemagne et l'Angleterre abritent par exemple chacune environ 10 % de végétariens. Les protestants de l'Église adventiste du septième jour prônent une alimentation sans viande : ils sont 20 millions dans le monde. Eux aussi ? Dans l'erreur du *continuum* non respecté ?

En réalité, vous l'avez compris, le lien qui unit l'humanité au reste du vivant, ce fameux *continuum*, n'impose nullement aux hommes de manger des animaux. Cela n'a aucun sens, sinon les vaches devraient en faire autant ; or on sait maintenant que l'alimentation carnée les fait devenir folles. Les humains, il est vrai, ne sont pas herbivores. Mais ils ne sont pas non plus carnivores comme les lions : notre mâchoire et notre denture ne nous permettent pas de chasser, de tuer et de manger un autre animal sans outil. Les humains sont des omnivores, ce qui signifie que nous avons le choix de notre alimentation, contrairement aux lions qui sont condamnés par leurs gènes à se nourrir de gazelles – ou d'humains, cela leur convient aussi. Nous pouvons choisir d'équilibrer comme nous l'entendons la part de végétaux et de viande que nous souhaitons ingurgiter. Nous pouvons supprimer complètement la viande, sans aucun effet négatif sur notre santé, mais nous ne pouvons supprimer les végétaux.

Les viandales qui utilisent l'argument tout à fait juste du *continuum* du vivant le détournent en réalité de sa conclusion logique, celle à laquelle la biologie moléculaire et la génétique nous amènent au XXIe siècle : c'est justement parce qu'il y a continuum et impossibilité à dresser des frontières hermétiques entre nous et les autres animaux sentients qu'il nous est moralement interdit de leur faire subir des traitements qui nous sont insupportables à nous, humains.

Le feu, la viande et l'intelligence

Pour pouvoir continuer à bouffer en paix, les viandales affirment parfois sans rire que la viande est indispensable à l'homme en raison de ses vertus sur notre intellect. C'est en effet elle, argumentent-ils, qui a favorisé le développement de notre cerveau lors de la préhistoire.

Première vérité à rétablir : si la viande a été utile à l'homme des cavernes, c'est d'abord en raison de sa disponibilité. On trouvait alors des animaux à peu près partout. Leur consommation a donc permis à nos ancêtres de conquérir une grande partie des territoires de cette planète, y compris ceux pauvres en végétaux.

Deuxièmement, la viande n'est pas, en elle-même, responsable du grossissement de notre boîte à penser. Ce qui a tout changé pour l'homme, c'est le feu. Le feu a été domestiqué il y a peut-être 500 000 ans, à la fin d'*Homo erectus*, voire plus tôt, il y a 800 000 ans ou un million d'années. Les chercheurs n'ont pas de certitude absolue. Pas facile de retrouver des traces fiables d'un foyer maîtrisé aussi vieux. Certains imaginent même qu'il a été dompté il y a 1,9 million d'années, avec l'apparition d'*Homo erectus*. Ils se fient à la diminution conséquente de la taille des molaires d'*erectus*, qui ne peut selon eux s'expliquer que par une mastication plus facile, due à la cuisson des aliments, et donc au feu. Peut-être le changement alimentaire en question ne vient-il pas du feu, mais d'une technique de découpe et de broyage des aliments qui aurait facilité leur digestion. Quoi qu'il en soit, le feu a bouleversé notre capacité à consommer la viande et les végétaux. La cuisson modifie la valeur nutritive des aliments. Elle rend des glucides comme l'amidon plus comestibles. Elle permet de manger certains végétaux qui sont indigestes crus. Elle réduit le temps de mastication et libère de l'énergie pour d'autres activités. Elle diminue les parasites de la viande. Bref, la cuisson des aliments les rend plus digestes et plus riches d'un point de vue énergétique. Le tube digestif a donc diminué, ce qui a permis à notre métabolisme de consacrer davantage d'énergie à notre cerveau. Et ce n'est pas un petit service qui lui a été rendu : notre cerveau consomme 20 % de l'énergie de notre corps, alors qu'il ne compose que 2 % de sa masse totale.

La bipédie est également citée dans les causes possibles du grossissement du cerveau, puisqu'elle aurait libéré les mains et permis l'utilisation d'outils. L'apparition de la vie sociale et celle du langage sont aussi envisagées comme éléments contributeurs.

Précisons encore que la taille du cerveau n'est pas forcément directement corrélée aux capacités cognitives. Notre cerveau actuel est ainsi plus petit que celui des *sapiens* il y a 100 000 ans et plus petit de 20 % que celui de Cro-Magnon. Néanmoins il est vrai que le coefficient d'encéphalisation, c'est-à-dire le rapport entre la taille du cerveau et le reste du corps, est un indicateur non négligeable. Et l'espèce humaine, sur ce critère, devance toutes les autres, suivie par le dauphin et le bonobo.

Le lait

Pour pouvoir continuer à bouffer en paix, les viandales aiment défendre l'idée que la consommation de produits animaux serait une marque de respect envers notre organisme. Il ne serait selon eux pas « naturel » de se nourrir uniquement de végétaux dans la mesure où notre appareil digestif nous permet de manger de la viande, ce que nombre d'humains font depuis quelques centaines de milliers d'années au moins. Ils interpellent alors souvent au sujet de la B12, cette vitamine produite par des micro-organismes, utile au sang et au système nerveux. Elle est présente dans la viande (y compris le poisson) et le lait, mais pas dans les végétaux. Il est donc recommandé aux végans de se supplémenter en B12 grâce à des cachets ou à des produits enrichis tels qu'un lait de soja, par exemple. Pourquoi les végans sont-ils obligés de se procurer artificiellement ce qu'ils trouveraient dans un bon steak ? N'est-ce pas la preuve que leur régime est contre nature ?

J'attire ici les viandales sur le cas des produits laitiers, dont la consommation est contraire aux lois naturelles. Le lait est l'élément des nourrissons humains, comme celui de tous les mammifères. Mais nous ne sommes censés en boire que quelques mois ou quelques années. Dès que l'on grandit, nous devenons en principe intolérants au lactose, le sucre du lait, car l'enzyme qui la prend en charge, la lactase, devient inefficace ou trop rare. Avez-vous remarqué qu'aucun adulte d'aucune autre espèce animale ne boit naturellement du lait, ni ne le vole à une autre espèce ? Ce n'est pas un hasard.

Pourtant, peut-être vous-même, cher lecteur, avez dépassé l'âge de raison et continuez à boire du lait sans le moindre souci intestinal ? C'est normal : vous bénéficiez des mutations génétiques transmises par vos ancêtres. Chez les peuples qui pratiquent l'élevage depuis longtemps (les Européens en font partie), le patrimoine génétique des individus s'est progressivement adapté pour que leur corps supporte une pratique qui lui était imposée. De génération en génération, leur système digestif a commencé à produire de la lactase plus longtemps. Il existe tout de même toujours des intolérants au lactose en Europe, mais ils sont beaucoup moins nombreux qu'en Asie ou en Afrique équatoriale, régions qui n'ont pas connu les mêmes traditions d'élevage. On estime qu'actuellement, la moitié de la population mondiale ne supporte pas le lait.

Il en résulte qu'au nom de nos lois intestinales naturelles, les viandales se doivent d'exiger l'interdiction immédiate de tous les produits laitiers. Ou alors considérer que les mutations génétiques sont une réponse adaptée et heureuse à des comportements alimentaires décidés par la culture et non par la nécessité. L'exemple du lait est en réalité la démonstration qu'il n'y a pas de fatalité alimentaire : notre organisme n'est pas une machine figée vouée éternellement à la répétition. La pratique de la cuisson des aliments, pratique culturelle et non naturelle, a modifié notre mâchoire et notre appareil dentaire, libérant de l'espace pour notre boîte crânienne et de l'énergie pour permettre au cerveau de croître. Nous ne sommes pas prisonniers des aliments, et il est même conseillé que nous en soyons maîtres. La seule contrainte que nous impose la nature, en matière de nourriture, concerne la quantité et la proportion de protides, lipides et glucides à ingérer chaque jour pour continuer à vivre en bonne santé. Le reste n'est qu'une question de choix gustatif et éthique. *Homo ethicus* sera végan. Sa morphologie différera peut-être légèrement de celle de *sapiens*, qui sait ? Ce qui est sûr, c'est que nous n'aurons un jour plus besoin de compléments de B12.

Vous n'aurez pas ma liberté de panse

Pour pouvoir continuer à bouffer en paix, les viandales évoquent l'une des valeurs fondatrices de notre société, la liberté. Il existerait, à côté de la liberté de conscience, la liberté de panse. Sauf que la liberté que chacun revendique chèrement et à juste titre n'autorise pas tous les comportements. Dans une société civilisée, je n'ai pas la liberté d'aller tuer mon voisin parce que sa tête ne me revient pas. Je n'ai pas la liberté de rouler à contresens sur l'autoroute. Je n'ai pas la liberté de mettre ma chaîne hi-fi à fond dans mon appartement à trois heures du matin. Je n'ai pas la liberté de violer une femme que je trouve jolie. Et tout cela en raison d'une évidence résumée par l'article 4 de la Déclaration des droits de l'homme et du citoyen de 1789 : « La liberté consiste à pouvoir faire tout ce qui ne nuit pas à autrui. »

Or les animaux que nous mangeons sont tous des *autrui*. Poulets, cochons, vaches, lapins : la science nous a appris qu'ils sont tous des individus, avec chacun leur univers mental, leur perception subjective du monde et leurs sentiments. À part quelques cas marginaux, tout individu souhaite vivre. Notre liberté alimentaire s'arrête donc à ce palier : lorsqu'elle contrevient à la liberté de vivre d'autres individus. C'est ce que confirme la Déclaration universelle des droits de l'homme de 1948, lorsqu'elle définit les droits essentiels de tout individu dans les articles 3 et 4 : « Tout individu a droit à la vie, à la liberté et à la sûreté de sa personne. Nul ne sera tenu en esclavage ni en servitude. »

Lorsque je suis invité à un débat pour évoquer l'antispécisme, les journalistes et les autres invités essayent généralement de me persuader que mon choix du végétalisme et mon combat pour les droits des animaux sont inappropriés. Ils redoublent d'arguments qui justifient à leurs yeux l'exploitation animale. Mais toutes leurs questions tournent en réalité autour d'une seule : « Pourquoi voulez-vous absolument épargner tous ces animaux ? » Je leur retourne la question : « Pourquoi voulez-vous absolument les tuer ? »

Mes chats

Mes chats connaissent leur prénom : Chloé, Jean-Jacques et Edmond. Chloé est la plus docile. Lorsqu'elle est en vadrouille aux alentours de la maison et que je crie son nom, pour peu qu'elle se trouve à portée de voix, elle déboule en courant dans le jardin au bout de quelques secondes. Lorsqu'elle est avec nous à l'intérieur, si elle entend qu'on mentionne son nom, elle se retourne. Et puis nous nous parlons souvent, car Chloé adore parler. Elle comprend les mots « manger », « sortir », l'interdit exprimé par « non », et sans doute d'autres trucs par-ci par-là. Je suis moi-même capable d'identifier certaines des choses qu'elle dit. Lorsque je rentre à la maison et que je lui dis bonjour, elle me répond d'une petite syllabe miaulée qui signifie « Salut ! ». Si elle souhaite que je lui ouvre une porte pour la laisser sortir dans le jardin, elle m'interpelle toujours du même « waheu waheu », double cri guttural qui mêle douceur et injonction. C'est un cri touchant, presque implorant, qui veut dire : « Ouvre-moi s'il te plaît. » Si je refuse d'obtempérer, elle lâche un miaulement de dépit sec et cassant, semblable à une insulte qu'elle m'adresserait : « Connard. » Si je la caresse et qu'elle n'en a pas envie, elle produit une longue plainte aiguë qui signifie : « Fous-moi

175

la paix. » Quand je passe à côté d'elle et que je lui demande simplement si elle va bien, elle me répond presque toujours nonchalamment d'une diphtongue féline qui veut dire : « Ouais. » Parfois cependant, notre dialogue souffre d'un manque de traduction. Chloé m'interpelle, se tortille, me regarde et attend une réaction de ma part qui ne semble pas venir. A-t-elle faim ? La sachant gourmande, je lui sers une friandise. Mais non, elle continue à miauler en me réclamant quelque chose que je n'arrive pas à identifier. Cela peut durer ainsi pendant plusieurs minutes. Je suis sûr alors qu'elle souhaite juste me faire la conversation, me parler d'un ami chat qu'elle a croisé la veille, me dire qu'il a fait chaud aujourd'hui, me demander des nouvelles de ma femme qu'elle n'a pas encore vue de toute la journée. Ce qui est particulièrement troublant, c'est que je la sens aussi frustrée que moi de ne pouvoir se faire entendre.

Chloé s'étire, Chloé bâille, Chloé râle, Chloé s'amuse. Elle raffole des jouets en plumes colorées que j'agite sous son museau. Lorsque je l'appelle et qu'elle voit l'un de ces objets entre mes mains, elle comprend aussitôt que nous allons jouer. Elle se précipite alors sous un meuble, se tapit, place ses oreilles en arrière, et ses pupilles deviennent deux grosses billes noires. Elle attend que mon plumeau prenne vie sur le sol pour l'attaquer comme une proie imprudente. Cholé adore aussi s'étendre sur notre lit tandis que nous changeons la housse de couette. Elle se positionne au milieu du drap propre, et attend. Elle attend que nous soulevions le drap par chacun de ses coins, et que nous entamions un mouvement de balance. Alors elle se laisse bercer. Si nous arrêtons un instant, elle ne bouge pas et patiente jusqu'à ce que le manège redémarre. Cela dure jusqu'au moment où, lassée, elle décide d'aller voir ailleurs.

Chloé est mélomane. Lorsque je m'installe au piano pour chanter quelques chansons, elle me rejoint dans le bureau et s'installe à côté de moi. La première fois que je l'ai vue faire, j'ai évidemment pensé à une coïncidence. Mais, c'est devenu si systématique que l'évidence m'oblige à admettre que le hasard n'a rien à voir là-dedans. Elle aime m'écouter faire de la musique. Et évidemment, si je m'interromps pour lui parler, elle me répond.

Les frères adoptifs de Chloé ont des caractères tout à fait différents. Jean-Jacques est un espiègle qui aime fouiller les tiroirs à la recherche de boules Quies en mousse. Il ne les enfile pas dans ses oreilles, non, il les utilise pour jouer au foot. Edmond, pour sa part, ne fait pas grand-chose. Il glande toute la journée. D'une manière générale, Edmond et Jean-Jacques, qui sont frères, sont plus réservés que leur sœur adoptive. On ne les entend que rarement. Ils regardent de loin l'agitation, sans trop s'y mêler, préférant filer se cacher au moindre bruit. Discrets, mais affectueux. À l'origine pourtant, lorsque nous les avons récupérés encore chatons à la SPA, ils avaient tendance à fuir les caresses. Particulièrement anxieux, ils ne supportaient pas qu'une main se rapproche de leur crâne : ils baissaient la tête pour éviter d'être touchés, avant de filer. Nous en avons déduit qu'ils avaient peut-être été frappés avant d'être amenés au refuge. Mais au bout d'une année avec nous, à force de patience et de mots rassurants, ils ont commencé à se détendre. Aujourd'hui Jean-Jacques réclame des câlins plusieurs fois par jour et aime me suivre dans la maison. Quant à Edmond, il accourt dès que je l'appelle, propulsant vers moi son corps en surpoids, et il se couche ensuite à mes pieds, attendant que je lui gratte le ventre.

Plusieurs fois par semaine les trois colocataires poilus se livrent à un rituel sportif impressionnant. Le jeu commence généralement vers minuit et dure une à deux heures. Coup d'envoi : l'un de mes félins se met à en courser un autre. Puis un troisième déboule et se précipite sous un meuble ou derrière une porte, d'où il se met à prudemment guetter ses adversaires. Partie de cache-cache ? Pas tout à fait : le chat planqué attend le passage de l'un des deux autres pour lui tomber dessus. Les poursuites reprennent alors de plus belle, faisant résonner les escaliers de cascades de coussinets qui tapent le bois de bas en haut puis de haut en bas. La maison tambourine ainsi pendant un bon quart d'heure, une demi-heure peut-être. Soudain l'accalmie. Mi-temps. Je retrouve les trois matous se matant immobiles, couchés sur un tapis, semblant réfléchir à la stratégie du prochain round. Puis sans crier gare, l'un des chats saute sur celui qu'il toisait du regard et entame un combat au corps-à-corps. Ils se mordillent, se tortillent, se repoussent, reviennent, tout en miaulant des plaintes aiguës... Ils se remettent ensuite à courir, entrecoupant leurs sprints de frénétiques grattages de dessous de lit. Ils ne s'arrêtent que perclus de fatigue. Il existe, j'en suis sûr, des codes qui régissent ces chorégraphies énervées, des manières de marquer des points, de gagner les échanges. Mes chats ont inventé leur sport.

Lorsqu'ils ne se dépensent pas physiquement à l'intérieur de la maison ou au-dehors à la recherche d'odeurs, d'oiseaux et de campagnols, mes chats aiment regarder la télé. Jean-Jacques et Edmond manifestent la même fascination pour ce qui se passe dans l'écran. Dès que celui-ci est mis en route, ils s'assoient devant, à quelques centimètres, et suivent les couleurs et les formes qui s'agitent. Parfois un détail mouvant les intrigue, et il n'est pas rare qu'ils essayent de s'en saisir avec une patte comme s'il s'agissait d'une petite bête qu'ils tentent de chasser. Chloé, pour sa part, se désintéresse complètement des aventures du plasma. Peu importe le programme, rien de ce qui s'y passe ne génère la moindre réaction de sa part. En revanche, si elle n'est pas de sortie, elle réclame qu'on lui ouvre une fenêtre afin qu'elle puisse grimper sur le rebord et observer le paysage. Elle se pose sur sa petite terrasse de béton et peut y rester des heures, attentive au moindre mouvement et au moindre bruit. Parfois elle émet des petits sons à la vue d'un volatile. Les fenêtres de la maison sont ses écrans télé.

Je pourrais raconter mes chats pendant des heures. Je les aime, et le leur dis souvent. Et lorsque je dois les laisser seuls dans la maison trop longtemps ou lorsqu'il leur faut passer une nuit sans nous, je m'en veux. Je sais qu'ils sont inquiets de ne pas nous voir revenir, je sais aussi qu'ils s'ennuient forcément un peu, et toutes ces pensées me gênent. Au-delà de projections affectives qui peuvent troubler notre jugement, il faut reconnaître qu'en partageant notre quotidien avec ces animaux, nous apprenons à les observer et à comprendre leur richesse intellectuelle. Nous notons aussi qu'ils sont dénués d'intentions mauvaises à notre égard. Lorsqu'ils nous sollicitent pour un service (les sortir ou les nourrir), ils ont l'élégance de le faire avec retenue et manifestent parfois même une certaine gêne. Ils nous demandent, ils nous prient, mais jamais ils n'exigent. Que de délicatesse. Et si nous n'obtempérons pas, ils ne nous en veulent même pas. Mais la plupart du temps, ils n'ont rien à nous demander de particulier, si ce n'est un câlin. Souvent lorsqu'on ne s'y attend pas, ils viennent se frotter à nous pour nous badigeonner d'un amour sans condition.

Ce point me trouble d'ailleurs énormément. Nos chiens et nos chats ne râlent quasiment pas, ne nous agressent en principe jamais, ne nous reprochent rien ou si peu, semblent ignorer la méchanceté et débordent de douceur et d'affection en quasi-permanence. Quel humain dans notre entourage se comporte ainsi ?

Cela amène au constat que, contrairement aux idées traditionnellement véhiculées pour mieux les asservir, les violenter et les tuer, les animaux non humains sont capables de bien plus d'amour que nous-mêmes ne savons en produire, empêchés que nous sommes par nos ego, nos égoïsmes, nos susceptibilités, nos ambitions et notre vénalité. Et si les chiens et les chats sont des individus naturellement aimants, pourquoi n'en serait-il pas de même pour d'autres espèces non humaines, et notamment celles que nous envoyons à l'abattoir ? Si nous nous donnions la peine d'observer avec attention les cochons, les moutons et les vaches, si nous prenions le temps d'échanger avec eux, ne nous rendrions-nous pas compte qu'ils ne sont pas tellement éloignés sur le plan affectif de ces chats et chiens auxquels nous tenons tant ? Bien sûr que si. D'ailleurs, certains se donnent cette peine, des particuliers ou des chercheurs, et ils arrivent bien à ce constat.

Les poules et les lapins, animaux négligés qui sont élevés par milliards chaque année dans des conditions atroces pour satisfaire le marché alimentaire, sont également concernés par cette capacité à développer de l'amour pour un humain et à communiquer avec lui, fût-ce à un degré moindre que les chiens et les chats. Je suis ainsi très attaché à mes poules Grisette, Blanchette, Noirette et Roussette. Parce qu'elles piaillent le matin lorsqu'elles m'entendent arriver pour que je leur ouvre le poulailler où je les ai enfermées la nuit afin de les protéger des prédateurs. Parce qu'elles accourent dès que je les appelle en les apostrophant d'un affectueux « poupoules ! » ou dès qu'elles me voient. Parce qu'elles mangent dans la paume de ma main. Parce que j'observe leurs chamailleries et leurs rabibochages, qui me fascinent car j'en ignore les motifs. Je suis admiratif de leurs caractères différents qui se complètent au point qu'elles pourraient incarner le casting d'une série télé : Grisette, la cheffe, Noirette, la bonne pâte, Blanchette, la solitaire un peu craintive, et Roussette la dépendante affective, qui a toujours besoin qu'une autre poule la protège. Autant de raisons qui expliquent que j'éprouve de la tendresse pour ces gallinacés, même si notre relation est moins développée que celle que j'entretiens avec mes chats. Mais peut-être suis-je fautif de ne leur avoir pas suffisamment fait confiance et ne pas leur avoir accordé assez de temps pour permettre un lien plus étroit encore. Je me pose la question depuis que j'ai vu des vidéos postées par une inconnue. Elle y met en scène sa poule de Pékin, une ébouriffée nommée Diddaye. On voit celle-ci sauter sur une petite estrade sur commande (« monte », « descends »), jouer au foot avec une balle ou prendre place docilement sur un trapèze qui est ensuite soulevé du sol. Elle semble répondre aux ordres comme le ferait un chien, mais surtout on devine sur ces films la relation étroite qu'elle a développée avec l'humaine chez qui elle vit. J'ai découvert cette poule magique lorsque, malheureusement, celle-ci est décédée. Sa « propriétaire » m'a alors envoyé un message. Je le partage avec vous, car il va vous permettre de comprendre ce que j'essaye d'expliquer depuis quelques lignes : « Bonjour Aymeric. J'ai perdu ma petite poulette Diddaye que j'aimais comme un enfant il y a une semaine. Diddaye était ma perle, la plus jolie histoire de ma vie, celle qui me suivait partout. Cette petite poule d'un kilo était une incroyable complice durant trois ans. Tout au long de sa vie, son intelligence, sa douceur et sa motivation à essayer de communiquer avec sa maman humaine m'ont impressionnée. Nous avons fait de nombreuses vidéos montrant à quel point une poule est loin d'être stupide, est très attachante et protectrice. Nous aurions tant aimé appuyer cette cause que vous défendez concernant les poules pondeuses, surtout de son vivant. Je serais ravie de mettre à votre disposition les vidéos d'un duo étonnant, qui pourrait changer le regard des consommateurs sur cet animal qui mérite le respect. Sincèrement, Rose. »

Oui Rose, les poules méritent le respect, et il m'est très désagréable d'imaginer qu'il puisse arriver malheur à Grisette ou à l'une de ses colocataires. Il m'est également insupportable de songer à ces milliards de poules entassées les unes sur les autres dans des hangars, incapables de se mouvoir, alors que mes poules à moi passent leurs journées comme toutes les poules devraient le faire, en fouillant l'herbe, en se promenant, en prenant des bains de terre ou en se dorant au soleil. J'aime mes poules, et j'aime mes chats.

Comme Rose, j'ai connu le chagrin lié à la perte d'un animal non humain. La dernière fois remonte à une quinzaine d'années en arrière. Il s'agissait d'une vieille chatte d'une dizaine d'années adoptée dans un refuge. Elle avait été récupérée dans un bâtiment déserté où une dame avait l'habitude de lui apporter de la nourriture. Cette chatte avait probablement passé une bonne partie de sa vie dehors, et avait dû être maltraitée. Cette intuition tient au fait que les premières semaines après son adoption, elle se montra très désagréable, désespérément sauvage, refusant que je l'approche et restant cachée sous un meuble. Je commençais à désespérer de pouvoir tisser un lien quelconque avec elle lorsqu'un beau jour, après que je l'ai isolée plusieurs minutes sur le balcon pour la punir d'un nouveau comportement hostile (avec le recul, je regrette ce geste autoritaire), elle accepta finalement que je la caresse. Alors rapidement elle se métamorphosa. Elle devint une chatte extrêmement affectueuse, qui ne me quittait plus. Son agressivité n'avait jamais été que de la peur, je le compris enfin. Je développai une tendresse infinie pour cet être fragile qui avait probablement été chassé ou frappé, qui en avait sans doute détesté les humains, et qui avait su malgré tout se laisser apprivoiser et me manifester chaque jour une douceur apaisante. Ma vie privée était alors une catastrophe, et ce petit animal constituait le seul bonheur de mon existence. Peut-être même puis-je considérer, avec le recul, que cette chatte m'a aidé à tenir le coup, en me témoignant plus d'affection sincère qu'aucune femme depuis des années.

Deux ans après son adoption, elle développa une insuffisance rénale. Lorsque je m'en rendis compte, c'était déjà trop tard. Un voyage à l'étranger m'avait tenu éloigné d'elle pendant deux semaines, autant de temps perdu pour la soigner. Son état s'est très vite dégradé. Les perfusions la soulagèrent, mais ne permirent pas d'espérer inverser l'issue qui s'annonça très vite mauvaise. En quelques jours, elle ne fut plus capable de bouger. Le vétérinaire m'expliqua que la fin était toute proche et qu'elle devait probablement souffrir. Alors un matin, après avoir passé une dernière nuit allongé à côté de son corps épuisé, la tenant serrée contre moi, j'ai dû me résoudre à la faire endormir. Ce fut un moment extrêmement douloureux, même si je ressens l'indécence d'écrire ces mots, moi qui suis vivant, et elle qui n'est plus. Je l'ai enroulée dans l'un de mes pulls afin qu'elle ait chaud et qu'elle sente ma présence au moment où ses yeux se fermeraient pour la dernière fois. Dans la voiture, je l'ai posée délicatement sur le siège passager. Je crois que je lui ai parlé pendant tout le chemin jusqu'au cabinet vétérinaire. Arrivé sur place, je l'ai allongée sur la table en métal gris. Le véto a préparé l'injection, lui a enfoncé l'aiguille dans la patte et m'a dit qu'il actionnerait la seringue quand je le souhaiterais. Alors je me suis penché sur elle une dernière fois, je lui ai murmuré quelques mots, nous nous sommes regardés intensément, j'ai fait un signe de la tête au vétérinaire, il a appuyé, elle a fermé ses paupières, et en quelques secondes elle est partie. Je me suis effondré en larmes. Pendant des jours je suis resté inconsolable, ne pensant qu'à elle, pleurant souvent. Je ne me souviens pas avoir jamais réagi ainsi à la mort d'une connaissance humaine. Le sentiment qui m'unissait à cette chatte était-il autre chose que de l'amour, exprimé avec bien plus de puissance que celui que s'échangent la majorité des humains ?

Tout cela n'a rien d'original : presque tous ceux qui vivent avec un animal dit « de compagnie » (l'expression est réductrice et quelque peu méprisante) développent pour celui-ci une affection qui dépasse largement celle portée à la majorité de leurs connaissances humaines – collègues, cousins, copains… Sommes-nous fous ? Je ne le pense pas, au contraire. Je souhaiterais vous proposer une expérience de pensée, c'est-à-dire un test à base d'hypothèses hautement improbables dont découlent des prises de décision virtuelles très instructives.

Imaginez que vous devez choisir entre sauver la vie de votre animal (chien, chat ou poule) et celle d'un humain. Que feriez-vous ? Une réaction spontanée doit vous pousser à répondre que vous choisiriez l'humain, puisque cela correspond à la réponse attendue par nos normes sociales.

Cette réponse est pourtant insincère, en tout cas pour la majorité des personnes, dont vous faites probablement partie. En réalité, avant de répondre à une telle question, nous avons d'abord besoin de connaître l'identité de l'humain à sauver : s'il s'agit d'un violeur ou d'un tueur d'enfants, nous sauverons notre animal de compagnie sans hésiter, car il nous est inenvisageable de sacrifier un être aimé, même non humain, pour sauver un salopard humain. Si en revanche l'humain à sauver est quelqu'un « de bien », les choses se compliquent un peu. Si vous devez choisir entre votre enfant ou votre chat, il est probable que vous choisirez votre enfant. Mais dès que vous sortez du cercle restreint des relations très intimes, vous vous rendez compte qu'il y a très peu d'humains qui comptent autant pour vous que l'animal qui partage votre quotidien. En ce qui me concerne, je sais qu'il n'y a quasiment aucune chance que je choisisse de sacrifier l'un de mes chats plutôt qu'un copain, un collègue ou, a fortiori, un inconnu. Tout simplement parce que je connais mieux mes chats, que j'ai vécu plus de moments vrais avec eux, qu'ils m'ont manifesté plus d'affection, qu'ils comptent sur moi et qu'ils pensent que jamais je ne les trahirai. Tout simplement parce que je les aime plus, et que eux aussi m'aiment plus.

On peut donc éprouver des sentiments plus forts pour certains animaux non humains que ceux que l'on ressent pour la plupart des humains que l'on côtoie tous les jours. Cet amour n'est pas sexué comme celui que peuvent partager deux humains, mais c'est plus que de l'amitié. Doit-on parler d'*amiour* ? Ou d'*amourité* ? Un jour il nous faudra réfléchir davantage à cette forme sentimentale unique qui peut unir un *sapiens* à un *canis*, et que des réflexes spécistes nous habituent à moquer ou nier. Nous devrons inventer

Vivant

un cadre juridique qui reconnaisse à ces compagnons non humains le statut officiel de membres de la famille, et leur accorder tous les droits qui en découlent.

Sauver une vie

En mars 2018, la France s'est interrompue pendant plusieurs jours pour saluer le geste héroïque d'un gendarme, tué après avoir volontairement pris la place d'une femme retenue en otage par un terroriste dans un supermarché. Un hommage national fut rendu à ce militaire altruiste, élevé au grade de commandeur de la Légion d'honneur, et les politiques de tous bords défilèrent sur les plateaux télé pour exprimer leur admiration à l'égard de cet humain qui avait mis sa vie en jeu pour sauver celle d'un autre être humain, inconnu de lui. Le sacrifice fut alors unanimement érigé en exemple à suivre. Le ministre de l'Intérieur déclara que « c'est extraordinaire de dire "je suis prêt à mourir" pour sauver quelqu'un d'autre ».

Quelques semaines plus tard, en mai 2018, nouvel émoi dans les médias, pour un cas à l'issue plus heureuse : un jeune Malien sauvait un enfant suspendu dans le vide en escaladant à mains nues, et au péril de sa vie, les quatre étages d'un immeuble. Un homme a filmé la scène, la vidéo a fait le tour des réseaux sociaux, le pays a de nouveau vibré : le héros était un sans-papiers, il fut érigé en exemple par la République qui le reçut à l'Élysée, le naturalisa et lui fit intégrer les pompiers.

L'État, les médias et l'opinion s'entendent pour reconnaître que sauver ou épargner une vie est sans doute le geste le plus magnifique qu'il nous soit donné de faire, celui qui vous fait pleinement entrer dans l'humanité. Mais alors, comment comprendre que nous soyons officiellement encouragés au sacrifice fraternel au nom d'un éloge à la vie, présentée comme valeur ultime, et que nous nous complaisions par ailleurs dans la destruction quotidienne de millions d'existences innocentes, à savoir tous ces animaux que nous envoyons sans remords à l'abattoir ? Est-ce réellement la vie qui est célébrée par la représentation républicaine ? Si tel est le cas, pourquoi la vie perdrait-elle toute sa valeur dès lors qu'elle s'épanouit dans le corps d'un non-humain ? On ne peut d'un côté encourager un citoyen à donner sa vie pour un étranger et de l'autre côté encourager des éleveurs et des industriels à organiser le commerce de la mort. Passer d'un extrême à l'autre relève de la folie. La société spéciste est folle.

Sauver une vie est le plus bel acte qui soit, qu'il concerne un humain ou un non-humain. Adopter un animal dans un refuge, freiner si un hérisson se jette sous vos roues avec toute la lenteur qu'on lui connaît, protéger un cerf poursuivi par des veneurs, refuser de manger de la viande : autant de gestes qui donnent un sens au mot « humain ». C'est pourquoi le respect du vivant sous toutes ses formes est la plus grande des causes, et la plus compliquée aussi.

Respect

Au cœur d'un été prophétiquement caniculaire, les réseaux sociaux nous ont livré le récit d'une brève conversation téléphonique entre une star de cinéma retirée de la société des humains et un ministre de l'Écologie en exercice. Le plénipotentiaire, courroucé, aurait appelé l'artiste un dimanche matin pour lui reprocher d'avoir publiquement critiqué son (in)action en faveur de la cause animale. Et la star agressée de rapporter que le ministre, connu pour avoir dans sa jeunesse animé un programme de télévision consacré aux beaux paysages, lui aurait affirmé avec colère que « personne d'autre que lui n'avait mis trente-cinq années de sa vie à la protection de la planète et des animaux ». Cette réflexion, si elle est véridique, trahit un défaut d'âme impardonnable : la vaniteuse satisfaction de soi-même. Lorsqu'il s'agit de la défense du vivant, ce défaut nuit particulièrement à l'intention affichée. Car pour le vivant, on n'en fera jamais assez et personne ne sera jamais le meilleur. C'est même tout le contraire : malgré leur volonté sans faille, les plus fervents militants de la défense du vivant échouent chaque jour à leur mission, dépités de ne pouvoir que si peu. Ainsi l'humain généreux qui se rend à la SPA adopter un chat ou un chien ne peut en ressortir sans un profond remords, celui de n'avoir sauvé qu'un seul animal et d'avoir dû laisser tous les autres dans leur cage. Défendre le vivant implique de se désespérer de ses échecs et limites, et non de s'enorgueillir de ses quelques réussites. Nous sommes tous coupables, à un moment ou à un autre, de non-assistance à vivant en danger.

La philosophie à laquelle je crois peut se résumer ainsi : « Vivre et laisser vivre. » Vivre, nous y reviendrons un peu plus loin. Laisser vivre, cela implique de ne tuer un autre être vivant qu'en cas de nécessité. Ici apparaît la difficulté : puisqu'il nous est impossible de vivre sans détruire de la vie, quelles limites peut-on ou doit-on se fixer ? Pour répondre à cette difficulté, je propose le principe de l'*empreinte négative minimale*, qui consiste à essayer de réduire autant qu'il est possible la quantité de destruction et de souffrance provoquée par notre présence sur Terre. Si je marche, si je conduis une voiture, si je construis une route ou une maison, alors inévitablement je détruis des organismes : végétaux, insectes ou petits mammifères. Pour m'habiller ou fabriquer des meubles et des objets, il m'est difficile de me passer des fibres végétales et des arbres. C'est ainsi : comme tous les autres animaux, nous puisons dans notre environnement les éléments nécessaires à notre survie. Il faut l'accepter, mais aussi tenter de limiter ces prélèvements, particulièrement lorsqu'ils puisent dans le vivant sensible à la douleur, c'est-à-dire le vivant sentient.

La première manière de limiter notre empreinte négative consiste à cesser de tuer des animaux pour les manger. De la même manière, il convient de refuser les produits d'origine animale comme le lait, les œufs, le beurre, le cuir ou la fourrure car ils créent eux aussi de la mort. Il faut également abolir la chasse, la pêche, la corrida, les combats de coqs, et fermer tous les lieux générateurs de souffrance animale tels que les zoos, les cirques, les delphinariums et autres parcs aquatiques. Toutes ces mesures sont évidentes et faciles à mettre en place. J'ai déjà écrit sur le sujet dans de précédents livres, aussi est-il inutile que je répète ici ce que j'ai dit ailleurs. Je désire cependant ajouter que nous devons également protéger le monde végétal en ne sacrifiant que le strict nécessaire à une consommation limitée : n'arracher un arbre qu'en cas de stricte nécessité, ne rien gâcher des récoltes de fruits, légumes et céréales, tout en respectant le sol nourricier et les eaux souterraines, en bannissant les pesticides.

Et les tiques ? Les moustiques ? Les punaises de lit ? Les puces ? Les virus ? Que fait-on de ces animaux qui nous agressent et propagent des maladies ? Les laisse-t-on vivre également lorsque leur présence nous est néfaste ? Pas forcément : il est question dans ce cas de légitime défense. Mais face à une agression, il convient en premier lieu d'expérimenter une méthode préventive d'éloignement, comme la moustiquaire, la citronnelle, les huiles essentielles ou la lavande s'il s'agit de mites – il ne me viendrait pas à l'idée de tuer une mite, dût-il m'en coûter quelques trous dans mes tee-shirts. Je refuse l'usage des cruels papiers tue-mouche ou tapettes. En revanche si un moustique me harcèle une nuit entière, je ne puis vous promettre de ne pas perdre patience et de ne pas finir par en faire la cible d'un vengeur coup de magazine. Les tiques, qui peuvent transmettre la maladie de Lyme, nous incitent à les éliminer si nous les découvrons plantées dans le cou de notre chat ou sur l'un de nos mollets. Les punaises de lit appellent elles aussi une réponse peu cordiale. Et ainsi de suite.

Les virus, quant à eux, ne sont pas des animaux et ne sont pas forcément vivants, ce qui nous évite une trop longue discussion, mais ils doivent de toute façon être traités comme les bactéries pathogènes (qui, elles, sont bien vivantes), à savoir qu'ils doivent évidemment être combattus, même s'il n'y a pas grand-chose à faire contre les virus, à part laisser votre organisme s'en charger tout seul et se faire vacciner.

Défendre le vivant sous toutes ses formes n'implique pas de s'opposer à l'avortement ou à l'euthanasie. En 2010, des chercheurs britanniques ont publié une étude estimant que le fœtus n'est pas capable de ressentir la douleur avant vingt-quatre semaines. Rien ne dit que cette étude soit juste, la conscience se révélant un territoire mal connu de la science, qui ne cesse de nous surprendre – n'oublions pas qu'au siècle dernier, les médecins pensaient sérieusement que les nourrissons de quelques mois ne peuvent éprouver la douleur. Néanmoins, l'ensemble des scientifiques s'accorde à reconnaître qu'en effet, pendant les premières semaines de formation de l'enfant (dix, vingt ?), l'état de développement du cerveau et des terminaisons nerveuses chez l'embryon puis chez le fœtus ne lui permet pas d'éprouver conscience et douleur. Les spermatozoïdes et les ovules sont des cellules reproductrices, des gamètes, et il faut bien un laps de temps avant que le zygote qu'ils créent ensemble développe un système nerveux. Alors oui, l'embryon est un organisme vivant, et a fortiori le fœtus, mais ce sont des consciences en puissance et non en acte. Respecter le vivant n'impose donc en rien de s'opposer à l'avortement, tout comme il serait insensé de s'opposer à la contraception. Les testicules produisent en permanence des millions de spermatozoïdes qui meurent au bout de quelques semaines. Alors quoi, au nom du droit à la vie, il faudrait les sauver tous ? Et comment ? Idem pour les ovules. Cela n'a évidemment aucun sens puisque spermatozoïdes et ovules sont des cellules. Or la défense au vivant n'implique pas la mission irréalisable de sauver ou d'épargner les cellules, lesquelles ne sont pas des êtres sentients.

La question concernant le bébé est celle de savoir à partir de quel moment il devient un être conscient, un individu qui peut être considéré comme un sujet de droit.

Par ailleurs, lorsque l'enfant n'est pas désiré, lorsqu'il est la conséquence d'un viol, ou lorsqu'il est prévu qu'il porte un très lourd handicap que ne pensent pas pouvoir assumer ses parents, il serait inhumain de le forcer à naître alors qu'il ne sera pas accueilli dans des conditions satisfaisantes. Nous sommes bien trop nombreux sur Terre pour ne pas tout faire pour favoriser les naissances heureuses.

Le respect du vivant exige en outre que la médecine facilite la fin de vie d'un individu lorsqu'il est évident que celui-ci ne pourra plus jouir de sa présence au monde, en raison d'une incapacité trop importante liée à la maladie, l'accident ou simplement la vieillesse. Toute personne qui a émis le souhait de voir ses souffrances abrégées dans de telles circonstances doit bénéficier du droit à mourir dans la dignité. La vie qui doit être protégée est la vie qui peut profiter d'elle-même.

Le suicide ne peut lui non plus être condamné, même s'il est le fait d'une personne en bonne santé. Il est l'expression d'une liberté fondamentale, celle de disposer de son corps. Il constitue néanmoins un acte regrettable. Notre existence est un cadeau improbable du destin, et même si ce cadeau est souvent empoisonné, je crois qu'il convient de l'utiliser jusqu'au bout de ses forces. Je comprends cependant le recours que le suicide représente pour des esprits exigeants qui, arrivés dans la dernière partie de ce que la biologie leur offre d'âge, épuisés par la férocité de l'existence, convaincus d'avoir tout dit et tout tenté, préfèrent tirer leur révérence plutôt que d'encombrer inutilement les vivants. En revanche le suicide d'un homme ou d'une femme en pleine jeunesse est un échec collectif, celui d'une société qui n'aura pas su les entendre.

Quelle attitude observer à l'égard des humains faucheurs de vie ? Cela dépend. Il convient de dialoguer avec les assassins d'animaux non humains tués pour notre consommation ou notre plaisir. Il faut par ailleurs punir les assassins et les meurtriers d'animaux non humains dont l'existence est protégée par la loi, et faire de même avec les destructeurs de mers, de forêts, et d'atmosphère. La punition aussi, évidemment, pour les meurtriers d'humains. Sans la moindre indulgence pour les assassins de sang-froid, ces ratés de l'évolution privés de coeur et d'intelligence. Mon amour du vivant m'empêche de pardonner à ces humains qui utilisent leur force et leur ruse pour ôter la vie à un congénère innocent, enfant ou adulte, en éprouvant plaisir ou indifférence. Je hais les vies qui méprisent la vie.

Salauds

Les hommes ont inventé la notion de « nuisible » pour les espèces animales qui les dérangent ou qu'ils souhaitent dégommer en toute tranquillité, pour le plaisir. À cette fin, ils prétendent que certaines espèces sont dangereuses pour la santé publique ou pour l'économie des activités humaines. Les Français classent dans cette catégorie des animaux comme le renard, la fouine ou la pie bavarde, ce qui autorise à les flinguer en masse. Cette idée d'espèce nuisible n'a évidemment aucun sens biologique. Tout n'est question que d'équilibre et d'écosystème et en la matière, l'humain est celui qui a foutu la merde partout.

Pour autant, ne rangeons pas complètement au placard le concept. En soi, il n'est pas inintéressant, surtout si on l'applique à nous-mêmes. Je ne fais pas référence ici au fait que l'espèce humaine est la plus nuisible de toutes. C'est une banalité de le répéter, tant l'impact négatif des humains sur le vivant et leur capacité destructrice sont inégalés sur la planète. Si l'on s'écarte du général pour s'intéresser au particulier, il nous faut reconnaître que notre espèce est moralement protéiforme : les salauds cohabitent avec les belles âmes. Aussitôt une question classique s'impose : quel pourcentage pour chacune des deux familles ? Impossible à

195

dire, évidemment, d'autant que cela dépend de la définition que l'on attribue au terme de « salaud ». S'agit-il du salaud sartrien ? Du salaud de la scène de ménage ? Ni l'un ni l'autre. Le salaud désigne pour moi une multitude de profils qui regroupe ceux qui placent leur confort personnel au-dessus de toute autre priorité, ceux qui s'appuient sur le pouvoir minuscule que leur confère leur poste pour satisfaire leur ego, ceux dont la stupidité est si grande qu'elle en est nocive pour quiconque les approche, ceux qui ne connaissent ni le sens du mot « éthique » ni celui du mot « justice », ceux qui méprisent les appels au secours, ceux qui n'ont aucune gêne à troubler le confort d'autrui, ceux qui tuent en s'en fichant, ceux qui tuent en s'en réjouissant, ceux qui tuent en s'excusant, ceux qui violent, ceux qui volent, ceux qui mentent comme ils respirent, ceux qui ont la certitude d'être formidables alors qu'ils n'apportent pas la moindre preuve de talent, ceux qui se croient tout permis, ceux qui se disent qu'après eux le déluge, ceux qui se désintéressent de leur enfant, ceux qui ont trahi un ami, et ils sont nombreux, tous ceux-là et d'autres encore sont de beaux salauds. J'imagine, à la louche, qu'ils constituent 95 % de l'espèce humaine, du petit salaud au gros salaud, en passant par le salaud moyen. Le calcul est d'autant plus compliqué que même les belles âmes peuvent frôler la saloperie ou y tomber de temps en temps. Personne n'est à l'abri. Mais alors, 5 % ? C'est tout ? C'est tout ce qu'il nous reste pour espérer ? Ce n'est pas beaucoup, mais si ces belles âmes sont dynamiques, au sens où elles entraînent les énergies, alors elles peuvent faire beaucoup car les salauds sont majoritairement de pitoyables suiveurs. Changez les lumières qui brillent au loin, et ils changeront de cap.

Mais revenons un instant sur les salauds à la pelle que nous livre le quotidien et qui ne sont pas de grands criminels : un chauffard qui insulte un automobiliste qu'il a pourtant failli tuer en lui grillant la priorité, un voisin qui menace d'en frapper un autre qui lui demande de baisser sa musique qui gêne tout le monde, un agent de la poste qui refuse de vous servir à 16 h 58, une réceptionniste du SAMU qui raccroche au nez d'une femme en train d'agoniser après s'être moquée d'elle, une interne mutique qui s'énerve contre un patient qui ose lui poser une question sur un traitement qu'elle veut lui prescrire mais qu'il ne comprend pas, un contrôleur de train qui colle une amende à un voyageur muni d'un billet en lui reprochant de ne pas l'avoir composté au bon endroit, un agent du service des impôts qui fait la morale à un contribuable en lui parlant comme à un enfant de cinq ans, une hôtesse d'accueil de salle de sport qui hurle sur un client refusant d'obéir à ses injonctions de matonne… Vous l'aurez deviné, tous ces exemples sont du vécu, par d'autres ou par moi-même. Tenez, laissez-moi encore vous livrer cet extrait de presse à propos des incidents de plus en plus nombreux qui émaillent l'ascension du Mont-Blanc : « […] mercredi un guide aurait reçu un coup de poing en croisant une cordée de huit personnes originaires d'Europe de l'Est au motif qu'il ne s'était pas arrêté pour les laisser passer. Un autre se serait fait insulter dans le refuge du Goûter, situé à 3 815 mètres d'altitude, pour avoir précisé qu'un piolet se remisait dans le local à crampons. Un troisième aurait été volontairement bousculé sur l'arête des Bosses par quatre Espagnols mal encordés et mécontents de s'être fait doubler [1]. »

1. « Haute-Savoie : "Le summum de l'irrespect est-il atteint ?" sur le Mont-Blanc, s'interroge le maire de Saint-Gervais », *20 minutes*, le 17 août 2018.

Ces salauds ordinaires, en plus d'être idiots et méchants, sont dangereux, car ils engendrent la haine. Face à eux et à leur imbécillité, difficile de garder son calme. Forte est la tentation de l'insulte, du bourre-pif ou carrément de l'assassinat. Rassurez-vous, cette dernière option n'est pas inquiétante tant qu'elle demeure au niveau du fantasme, n'importe quel psy vous le dira. Le souci est que la haine qu'inspirent les salauds est irradiante. Elle peut s'étendre à une famille à laquelle on va les identifier : ainsi naît le racisme. Le flic blanc qui humilie un jeune Noir en banlieue participe à la détestation des Blancs ou à celle des flics en général par la population d'origine immigrée ; l'agresseur arabe d'un jeune Blanc participe à l'islamophobie ; le soldat israélien qui tire une balle dans la tête d'un adolescent palestinien désarmé participe à l'antisémitisme ; et ainsi de suite. Chaque fois que nous agissons, songeons à la catégorie (juste ou fantasmée) à laquelle notre interlocuteur nous associe car nous avons une responsabilité à son égard : en cette période obscurantiste de repli communautaire, l'individu n'existe plus. Chacun n'est plus qu'un représentant de modèles préconçus dont le « mâle blanc dominant » est l'un des plus célèbres.

Mal diabolique

D'après Platon, personne ne commet le mal sciemment. Selon lui, chacun cherche le bien à travers ses actions et seule l'ignorance nous fait prendre une direction opposée. L'hypothèse est tentante. Ainsi Hitler s'imaginait-il peut-être agir pour le meilleur monde possible en enfermant, torturant et massacrant les juifs, les homosexuels, les tziganes et tous ceux qui osaient lui opposer une résistance. Dans son cerveau malade, l'extermination de populations jugées inférieures, inutiles ou dérangeantes faisait peut-être partie de son plan pour l'expansion du bien sur la planète. Et peut-être que des esprits simplets tels Adolf Eichmann – c'est la thèse controversée d'Hannah Arendt – ont-ils suivi les ordres du fou par manque d'intelligence et de lucidité. Primo Levi ne dit pas vraiment autre chose lorsqu'il écrit, dans *Si c'est un homme*, que « les monstres existent, mais ils sont trop peu nombreux pour être vraiment dangereux ; ceux qui sont les plus dangereux, ce sont les hommes ordinaires, les fonctionnaires prêts à croire et à obéir sans discuter ».

Il est certain qu'un esprit équilibré, dénué d'intentions démoniaques, peut commettre le mal par ignorance. Exemples : un éleveur qui laisse un cochon enfermé dans deux mètres carrés pendant les courts mois de son existence en pensant sincèrement que l'animal n'en ressent aucune frustration ; un cuisinier qui ébouillante un homard vivant en pensant qu'il n'éprouvera aucune douleur ; un consommateur qui mange des yaourts au lait de vache en pensant que ce produit n'a engendré aucune mort animale ; un laborantin qui injecte des produits mortels à un singe ou un chien en pensant qu'il fait ainsi avancer la science en faveur des humains, alors même que le résultat de son expérience n'est pas transposable à l'homme. Dans chacun de ces exemples il y a un tort, et donc un mal, causé par ignorance. C'est ce qu'explique Camus dans *La Peste* : « Le mal qui est dans le monde vient presque toujours de l'ignorance, et la bonne volonté peut faire autant de dégâts que la méchanceté, si elle n'est pas éclairée. » Mais tout de même, il ne faut pas réfléchir bien loin pour mesurer les limites de l'hypothèse platonicienne. Parmi les millions de soldats qui ont obéi aux ordres de tueries et de tortures d'Hitler, personne ou presque ne se serait rendu compte de l'horreur à laquelle il participait ? Bien sûr que si. Les livres nous donnent les témoignages de ces hommes révulsés par le mal qu'ils avaient conscience de répandre. En Syrie ces dernières années, les salauds qui ont torturé à mort des dizaines de milliers de prisonniers, redoublant d'imagination dans l'ignominie de leur tâche, pensaient-ils sérieusement « faire le bien » ? Les violeurs, les assassins, les voleurs, les escrocs, les arnaqueurs, tous les aigrefins et margoulins, ignorent-ils réellement qu'ils agissent mal ? Allons, soyons sérieux. Platon s'est planté, ça arrive aux meilleurs. Certes, le mal vertueux existe. Mais il existe aussi le mal pervers, le mal sadique, le mal complice ou le mal indifférent.

J'avouais en début de livre le peu de considération que m'inspire la majorité de mes congénères, et je déplorais le manque d'intelligence de notre espèce qui, pourtant, se prétend au sommet de la création. Le dégoût de l'humain devrait être un symptôme ressenti par tous les historiens et les défenseurs des animaux.

Quelques mots d'abord sur les historiens. Difficile de parcourir le récit des colonisations, de l'esclavage, de l'extermination des Amérindiens, de la Shoah, du génocide rwandais, des guerres de l'ex-Yougoslavie ou des exactions de l'État islamique sans s'interroger sur la propension maladive de notre espèce à la bestialité la plus brute. « Bestialité » : non, le mot n'est pas juste. Seul un vieux réflexe issu de mon éducation spéciste me l'a fait écrire. Étymologiquement, le mot « bête » désigne tout animal non humain. Mais il est le plus souvent chargé d'une connotation négative lui attribuant stupidité et violence. L'homme que l'on assimile à une bête est soit un assassin, soit un violeur, soit un sadique, soit un cogneur. Mais quelle autre espèce que la nôtre a développé ces singularités, et en de telles proportions ? Aucune. Quelle autre espèce que la nôtre fait subir tortures et massacres à ses propres congénères, qui plus est pour des motifs dérisoires, tels que le nom du Dieu auquel les uns ou les autres ont choisi de croire ? Non, le mot « bestial » n'est pas employé à bon escient : les vices les plus terribles que nous qualifions de « bestiaux » sont en fait des vices typiquement humains. De la même manière, il nous faut reconnaître que le mot « bêtise » est l'un des plus inadaptés de notre langue. La « bêtise », production de la bête, désigne ainsi un « défaut d'intelligence et de jugement » ou une « action sotte, maladroite, déraisonnable ou imprudente »[1].

---

1. Le Petit Robert.

Mais rarement la langue française, et donc humaine, n'aura été aussi injuste et prétentieuse.

Car l'observation suffit à comprendre que nous, humains, agissons bien plus souvent que nos cousins non humains en dépit de l'intelligence. Certes, nos capacités cognitives sont supérieures à celles des autres espèces, ce qui permet aux plus doués d'entre nous (une très faible minorité, en réalité) de réaliser des prouesses dont ils font profiter l'ensemble de leurs congénères. Mais contrairement à ce que laisse entendre l'étymologie du concept, la « bêtise » se rencontre bien plus chez les humains que chez les autres espèces et devrait par conséquent s'appeler l'*humainise*.

Qui oserait affirmer que les 60 millions de morts de la Seconde Guerre mondiale, et les millions d'autres morts de toutes les autres guerres, ne sont pas la conséquence d'une connerie abyssale ? Il faut être profondément stupide pour vouloir envahir un pays au nom d'une idéologie ou d'une soif de pouvoir, tout comme il faut être profondément stupide pour considérer que l'extermination de congénères est une option crédible de solution politique et qu'elle peut fonder durablement société. Le plus inquiétant est que ces solutions sont prônées par des hommes politiques, des conseillers ou des intellectuels souvent diplômés d'écoles prestigieuses, décorés des plus hautes distinctions. Ce sont les mêmes d'ailleurs, au pouvoir dans presque tous les pays du monde, sous des étiquettes politiques parfois différentes, qui mettent en place et encouragent des politiques économiques et industrielles qui mènent la planète à la catastrophe, au mépris de tous les avertissements des scientifiques. Intelligents, vraiment ? Dur à croire. Une société dont les écoles d'élite produisent des cerveaux aussi incompétents ne peut être qualifiée d'intelligente.

Alors oui, nous écrivons des livres, peignons des tableaux, composons des chansons, mettons en équations ce qui nous entoure, transformons la matière, inventons des moyens complexes de déplacement et de communication, sommes parvenus à quitter le sol de la Terre, puis son atmosphère, et peut-être un jour sa galaxie. Nous inventons, tout le temps, et nous nous réinventons en même temps. Oui, nos capacités cognitives supérieures nous confèrent indiscutablement le statut d'espèce dominante, entreprenante et étonnante. Mais comment expliquer que, même en dehors des situations paroxystiques que sont les guerres, une majorité d'humains sont quotidiennement coupables des pires idioties, crétineries, inepties, niaiseries, égoïsmes et autres preuves de lourde défaillance intellectuelle ?

Venons-en aux défenseurs des animaux. Dans son traitement de l'animal non humain, de cet être souvent inoffensif dont il veut désormais la peau ou la chair pour s'enrichir, et non plus pour survivre, *Homo sapiens* révèle l'ampleur de la saloperie qui sommeille en lui et qui ne demande qu'à s'exprimer à la première occasion. L'indifférence qu'il manifeste à la souffrance qu'il inflige et au malheur qu'il cause fait de lui, bien souvent, une belle ordure. Lorsque l'on est militant pour les droits des animaux, on ne se contente pas de découvrir en détail tous les raffinements sadiques imaginés par l'être humain pour asservir ses cousins. On se confronte également directement à la violence et à l'inintelligence de ceux qui commettent et défendent cette barbarie : des aficionados qui cognent des militants anti-corrida, des chasseurs qui font le coup de poing contre des opposants alors même qu'ils sont pris en flagrant délit de pratique illégale, des défenseurs de la chasse aux bébés phoques qui s'en prennent à ceux qui la dénoncent, et ainsi de suite… Chaque jour, le fil d'actualité des associations animalistes ou de la presse généraliste relaie des dizaines de crimes commis contre nos parents animaux. Les assassins sont généralement motivés par l'appât du gain, mais souvent aussi par la plus crasse stupidité – les deux n'étant pas incompatibles. Cet article, à l'instant : « Un kangourou a trouvé la mort dans un zoo du sud-est de la Chine après avoir été la cible de jets de pierre de la part de visiteurs qui cherchaient à lui faire faire des bonds. […] Une femelle âgée de douze ans a expiré au zoo de la grande ville de Fuzhou quelques jours après avoir essuyé des jets de brique et de morceaux de béton. Une des pattes de l'animal était écrasée et presque séparée du corps, selon des images de CCTV montrant l'animal placé sous perfusion [1]. » Voilà donc qui nous sommes : il y a parmi nous des individus assez cons pour balancer des parpaings sur un animal enfermé afin de le forcer à bouger pour les divertir. Difficile d'être fier d'appartenir à la même espèce que ces décérébrés.

Le mal qui anime *sapiens* lui est-il spécifique ? Des chercheurs espagnols ont publié en 2016 une étude sur la violence intra-espèces parmi les mammifères. Il en ressortait que cette violence existerait chez 40 % des mammifères et qu'elle serait la plus élevée chez les suricates. Mais la fiabilité de l'étude avait été mise en cause par des confrères relevant entre autres que les causes des décès enregistrés n'étaient pas suffisamment prises en considération. Or chez les suricates par exemple, la plupart de ces morts sont des infanticides [2]. La violence entre congénères d'une même

---

1. *20 minutes*, le 20 avril 2018.
2. Rachel Mulot, « Le plus meurtrier des mammifères est… le suricate, loin devant l'Homme », *Sciences et Avenir*, le 12 octobre 2016.

espèce n'est en tout cas pas propre aux humains. Alors peut-être que si les suricates avaient inventé la kalachnikov ou la bombe, ils se livreraient à des meurtres de masse, qui sait ? Notre propension à éradiquer nos frères humains par tonnes entières est peut-être simplement liée à nos moyens technologiques. Mais la torture ? Quelle autre espèce animale s'y adonne ? Le chat joue avec la souris capturée, certes, mais a-t-il conscience de la douleur et de la peur qu'il lui occasionne ? Ce jeu s'apparente davantage à une digression de la chasse qu'à une perversité.

Le mal commis par les hommes n'a nul pareil dans le monde animal, tant par sa quantité que par son inventivité. Quelle est son origine ? Longtemps la question fut posée sous l'angle théologique et les réponses s'exprimaient sous forme de théodicées, c'est-à-dire de théories tentant de concilier l'existence du mal parmi les hommes et la bonté et la toute-puissance de Dieu. En gros, il s'agissait de répondre à ce paradoxe : si Dieu est bon, et qu'il fait ce qu'il veut, pourquoi a-t-il créé le mal ?

Parmi les réponses possibles, celle de Leibniz qui considère que ce qui nous apparaît comme un mal peut en réalité engendrer une chose bonne, mais que nous ne sommes pas capables de le voir au moment où se produit l'événement considéré comme un mal. « Les maux [...] deviennent quelquefois des biens subsidiaires, comme moyens des plus grands biens », écrit le philosophe allemand. L'argument est d'une certaine manière le même pour Hegel et sa dialectique de l'Histoire. Les soubresauts, les guerres et les affrontements ne seraient que les contradictions d'une pensée en mouvement vers un but. L'Histoire aurait en effet un sens et serait le lieu de réalisation de la raison et de l'esprit absolu, objectif invisible à nos yeux. Pour Hegel l'Histoire avance. Elle est une conquête de la liberté humaine. « La raison gouverne le monde, affirme le philosophe, et par conséquent gouverne et a gouverné l'histoire universelle [1]. » Dépassés par ce mouvement de la raison, les humains ne sont qu'instruments au service d'une cause qui les dépasse. Je dois avouer que toute cette belle philosophie hégélienne de l'Histoire en progrès, qui date du début du XIXᵉ siècle, semble difficilement convaincante aujourd'hui. Elle paraît en effet inadaptée à comprendre le sens de la crise écologique majeure qui menace la survie de l'humanité, et qu'était loin d'avoir anticipée Hegel. Ce dernier était par ailleurs un grand admirateur de Napoléon, qu'il qualifiait d'« âme du monde », ce qui ne plaide pas vraiment en sa faveur. Le penseur voyait en lui un accomplisseur d'Histoire, laquelle serait arrivée à son terme avec la bataille d'Iéna en 1806.

L'Histoire, avec une Fin, c'est-à-dire un modèle ultime enfin réalisé ? Quelle drôle d'idée, qui contredit le principe biologique de l'invention permanente. La dialectique hégélienne du maître et de l'esclave me semble en revanche beaucoup plus pertinente. D'après cette théorie, un être humain éprouve un profond besoin de reconnaissance. Aussi, lorsque deux individus se rencontrent, ils cherchent tous deux à prouver leur valeur. Et ni l'un ni l'autre ne désirent l'égalité. Ils cherchent à dominer, ce qui génère un affrontement à l'issue duquel l'un des deux devra forcément s'incliner. Tel est selon Hegel le ressort des sociétés humaines, forcément mues par le conflit.

De théologique, la recherche de l'origine du mal est devenue métaphysique. Des philosophes comme Schelling l'ont liée à la liberté : impossible d'être libre sans l'existence du mal, puisque la liberté exige de pouvoir choisir entre le

---

1. *La Raison dans l'Histoire.*

mal et le bien. Pour Sartre, « tout crime est toujours un peu de cogito ». Pourquoi pas ? On retrouve une théorie de l'utilité du mal chez Schopenhauer. Pour ce philosophe dont je partage l'essentiel du pessimisme, la vie est d'abord malheur et souffrance. Mais cette souffrance est à l'origine d'un principe vital de l'humain qui est la volonté : c'est parce que j'ai un manque que je cherche à combler que je vis. Il faut désirer pour vivre, mais désirer est une souffrance dès lors que le désir n'est pas réalisé ou alors qu'au contraire il est atteint et qu'il faut s'en inventer un autre. Le mal est donc ce contre quoi nous luttons pour exister. Paul Ricœur, pour sa part, renonce à chercher l'origine du mal : il est pour lui ce qui est et qui ne devrait pas être. Prenons-en acte et combattons-le. D'autres considèrent que le mal n'existe simplement pas. Pour Spinoza, par exemple, ni le mal ni le bien n'existent en eux-mêmes car ils sont relatifs. Idée reprise par Hobbes : « "Bon" et "mauvais" sont des appellations qui expriment nos appétits et nos aversions, lesquels diffèrent avec les tempéraments, les coutumes et les doctrines des gens [1]. » Ce qu'ils expriment n'est pas l'absence de malheur, mais l'idée que le mal, d'un point de vue moral, est une notion subjective, variable d'un individu à l'autre. C'est la raison pour laquelle je préfère personnellement me battre pour ce qui est *juste*, plutôt que pour ce qui est *bien*. Défendre les droits sociaux ou promouvoir l'antispécisme sont des démarches de justice, et non une volonté d'instauration d'un bien suprême.

Pour tout athée, la question de l'origine du mal (ou des différentes formes de mal) devrait en principe trouver sa réponse, au moins en partie, dans la biologie. La conscience, nous l'avons vu, peut être envisagée comme

---

1. *Leviathan*, chap. XV, Flammarion, coll. G.F., 2017, p. 140.

Vivant

une solution proposée par l'évolution pour permettre à un organisme de se développer et de se défendre en ayant la possibilité d'analyser son environnement et de choisir des réponses aux événements. Mais quelle peut bien être l'utilité du mal dans les processus d'évolution ? J'avoue que la question, ainsi formulée, peut poser problème dans la mesure où le mal est une notion peu claire. Il peut désigner ce qui, d'un point de vue moral, est opposé au bien, mais il peut également faire référence à la douleur, à la souffrance, à la maladie ou à une imperfection. Le mal, c'est donc à la fois la rage de dents, le génocide, le mensonge, le virus, la météorite qui s'abat sur la Terre ou l'injustice. Ce que Leibniz traduit par une distinction entre mal métaphysique, mal physique et mal moral.

Il me semble nécessaire de distinguer au moins le mal en tant que phénomène moral et le mal en tant que cause d'un malheur. Dans cette deuxième acception, il convient d'établir une autre distinction entre un mal à l'énergie diabolique et un mal sans conscience. Dans ce second cas, le mal est cruel sans être diabolique. Il est le fruit du hasard, de la malchance ou des processus naturels. Lorsqu'un ours tue un poisson pour se nourrir, il s'agit d'un mal non diabolique. Nous avons simplement affaire à une cruauté liée aux impératifs biologiques de l'ursidé. Idem lorsqu'un virus tue un homme. En revanche lorsqu'un dictateur extermine des millions d'innocents, le mal qui s'exprime est diabolique. La consommation de viande chez nos ancêtres relevait de la cruauté biologique jusqu'au jour où nous avons, d'une part, compris que nous pouvions nous en passer et que nous avons, d'autre part, commencé à réaliser l'intelligence et la sensibilité des animaux sacrifiés. Depuis, devenue mal conscient, l'exploitation animale telle que nous l'avons aujourd'hui organisée est un mal diabolique.

Je me garderai bien de proposer dans ces pages une solution à l'énigme des multiples formes de mal et de malheur qui régissent le monde. Je me contenterai du constat que le mal diabolique est une spécificité humaine, permise ou causée par une conscience plus développée que celle des autres espèces animales, mais ô combien imparfaite. Je souscris à l'analyse de Nietzsche selon laquelle la conscience est la dernière trouvaille de l'évolution organique et qu'à ce titre, elle est inachevée et faillible. Il est indéniable que nous ne maîtrisons pas tous les entrelacs de notre conscience. Il suffit de constater le taux de remplissage des cabinets de psy, d'évaluer la consommation mondiale de psychotropes ou d'étudier le profil psychologique de nombreux dirigeants politiques pour comprendre que cette conscience exacerbée dont sont dotés les humains est un outil parfois dangereux, très loin d'être au point. Pour exemple, on dénombre 600 000 schizophrènes en France et plus de 50 millions dans le monde, souffrant de symptômes tels que délires et hallucinations[1]. Mais même parmi les gens vierges de toute maladie psychiatrique diagnostiquée, les défaillances du cerveau sont quotidiennes, qui engendrent quiproquos, incompréhensions, colères, frustrations, bagarres verbales ou physiques.

Par ailleurs, notre cerveau n'est pas un organe figé. Depuis son apparition, il y a environ 600 millions d'années chez une espèce de ver, le cerveau ne cesse de se modifier, et il continue encore aujourd'hui. Par conséquent l'une de ses productions, la moralité, est une matière en constante évolution.

---

1. Selon l'Inserm, ces troubles sont particulièrement fréquents « en milieu urbain et chez les migrants », affirmation qui mériterait d'être creusée et explicitée.

Darwin et *ethicus*

Selon le linguiste Noam Chomsky, les jeunes enfants disposent de capacités innées qui leur permettent l'apprentissage de la langue de ceux qui les éduquent, c'est-à-dire généralement leurs parents. Comment expliquer que tout nouveau-né est rapidement capable d'identifier et de reproduire une syntaxe et un vocabulaire, quel que soit le pays où il est né, alors qu'il existe des milliers de langues aux structures extrêmement variées ? Au-delà de leurs différences apparentes, les langues auraient en fait en commun une « grammaire universelle » inscrite dans notre cerveau et qui serait innée à tout humain. Le psychologue Marc Hauser, de Harvard, reprend la théorie du langage de Chomsky pour l'appliquer à la morale. Comment jugeons-nous qu'une chose est bonne ou mauvaise ? Hauser soutient l'existence d'une « grammaire morale universelle » cachée dans nos consciences, qui nous ferait instinctivement ressentir ce que sont le bien et le mal, en tout cas sur certains sujets. Il s'agit de principes moraux généraux partagés par la plupart des humains, et qui peuvent ensuite être triturés de diverses manières par les approches culturelles différenciées. Il y aurait donc en chacun d'entre nous une *morale acquise* (grâce aux parents, à l'école, à la loi ou à la religion) mais également une *morale innée* qui nous influence en fait inconsciemment dans chacun de nos choix. Exemple : tuer gratuitement un type, qui ne nous a rien fait, est mal. Pas besoin d'avoir été éduqué pour en avoir l'intuition au fond de nous. Ce sens inné de la morale nous apporte des réponses qui nous guident sur quelques questions fondamentales, sans réflexion préalable, et qui nous permettent de réagir par réflexe à des dilemmes moraux. Ces facultés morales innées seraient le fruit de l'évolution. C'est pourquoi elles ne sont pas propres à l'homme puisqu'elles ont été identifiées chez d'autres mammifères tels que le chimpanzé ou le rat.

Cela confirme l'intuition de Charles Darwin qui n'imaginait pas que la morale soit purement culturelle et humaine. En 1871, soit douze ans après *L'Origine des espèces*, le naturaliste anglais publie *La Filiation de l'homme et la sélection liée au sexe*, ouvrage dans lequel il revient notamment longuement sur la place de l'éthique dans les processus évolutifs chez les animaux. Darwin explique que la sociabilité et les qualités qui en découlent (sympathie, solidarité, altruisme…) sont la conséquence d'un avantage évolutif : « Chez les animaux pour lesquels la vie sociale est avantageuse, les individus qui trouvent le plus de plaisir à être réunis peuvent le mieux échapper à divers dangers, tandis que ceux qui s'inquiètent moins de leurs camarades et vivent en solitaires doivent périr en plus grand nombre [1]. » Tel est l'aspect souvent ignoré de la théorie darwinienne de l'évolution, qui ne se limite pas à la caricature d'une sélection naturelle par la force. L'histoire de l'évolution commence certes par une sélection des

---

1. *La Filiation de l'homme et la sélection liée au sexe*, Éditions Honoré Champion, 2013.

mieux adaptés et l'élimination des plus faibles. Mais elle se poursuit ensuite avec les animaux sociaux qui trouvent un avantage à se protéger mutuellement. « Les instincts sociaux qui ont été sans doute acquis par l'homme pour le bien de la communauté, explique Darwin, ont dû, dès l'abord, le porter à aider ses semblables, développer en lui quelques sentiments de sympathie et l'obliger de compter avec l'approbation ou le blâme de ses semblables. Des impulsions de ce genre ont dû de très bonne heure lui servir de règle grossière pour distinguer le bien du mal. Puis [...] le niveau de moralité s'est élevé de plus en plus [1]. » On peut imaginer que les sentiments moraux sont nés avec les mammifères et le soin que les parents ont dû commencer à accorder à la protection et à l'éducation de leurs petits. À l'égoïsme originel se serait alors ajouté un sentiment nouveau : l'altruisme. La morale serait donc une invention de la nature contre elle-même, les instincts sociaux remplaçant l'ancien processus de sélection éliminatoire. Car d'après Darwin, « le progrès du niveau moyen de la moralité et l'augmentation du nombre des individus bien doués sous ce rapport procurent certainement à une tribu un avantage immense sur une autre tribu. [...] De tout temps et dans le monde entier, des tribus en ont supplanté d'autres ; or, comme la morale est un des éléments de leur succès, le nombre des hommes chez lesquels son niveau s'élève tend partout à augmenter [2] ». Darwin défend alors une hypothèse qui peut surprendre aujourd'hui, en cette période de l'histoire où les leviers du pouvoir politique des différentes démocraties de ce monde sont aux mains de responsables peu scrupuleux en matière de

---

1. *Ibid.*
2. *Ibid.*

morale. À l'en croire, la sélection naturelle a tendance à éliminer progressivement les individus les moins doués de qualités morales. Les malfaiteurs, explique-t-il, sont emprisonnés ou exécutés, les fous sont enfermés ou se suicident, et les colériques meurent souvent de mort violente. Et il ajoute – cela laisse songeur – que « ceux qui sont trop remuants pour s'adonner à des occupations suivies – et ce reste de barbarie est un grand obstacle à la civilisation – émigrent dans de nouveaux pays, où ils se transforment en utiles pionniers [1] ».

Une question évidente découle de la théorie darwinienne de la conscience : si la morale est un avantage évolutif, alors pourquoi le mal semble-t-il dominer nos civilisations ? L'explication darwinienne est identique à celle qu'en donne Nietzsche : il ne s'agirait que d'un problème de maturité de la conscience : « De même qu'il y a quelquefois lutte entre les divers instincts des animaux inférieurs, il n'y a rien d'étonnant à ce qu'il puisse y avoir, chez l'homme, une lutte entre ses instincts sociaux et les vertus qui en dérivent, et ses impulsions ou ses désirs d'ordre inférieur ; car, par moments, ceux-ci peuvent être les plus énergiques. Cela est d'autant moins étonnant [...] que l'homme est sorti depuis un temps relativement récent de la période de la barbarie [2]. » Charles Darwin présente alors une théorie qui anticipe celle de l'*augmentation de la sphère de considération morale* [3]. Il s'agit du constat qu'au fil des millénaires, l'être humain a étendu son attention (« sa sympathie ») à des groupes d'individus de plus en plus larges. Ainsi les esclaves, les femmes, les Noirs ou les homosexuels ont-ils progressivement acquis des droits pour

---

1. *Ibid.*
2. *Ibid.*
3. *Antispéciste, op. cit.*, p. 237.

rejoindre le groupe des citoyens à part entière. Il y a un siècle et demi, Darwin avait déjà compris que la progression naturelle de notre conscience allait nous amener à accorder des droits aux animaux non humains et à toutes les expressions du vivant. Dans *La Filiation de l'homme*, il l'explique à sa manière : « À mesure que l'homme avance en civilisation et que les petites tribus se réunissent en communautés plus nombreuses, la simple raison indique à chaque individu qu'il doit étendre ses instincts sociaux et sa sympathie à tous les membres de la même nation, bien qu'ils ne lui soient pas personnellement connus. Ce point atteint, une barrière artificielle seule peut empêcher ses sympathies de s'étendre à tous les hommes de toutes les nations et de toutes les races. L'expérience nous prouve, malheureusement, combien il faut de temps avant que nous considérions comme nos semblables les hommes qui diffèrent considérablement de nous par leur aspect extérieur et par leurs coutumes. La sympathie étendue en dehors des bornes de l'humanité, c'est-à-dire la compassion envers les animaux, paraît être une des dernières acquisitions morales. Elle est inconnue chez les sauvages, sauf pour leurs animaux favoris. Les abominables combats des gladiateurs montrent combien peu les anciens Romains en avaient le sentiment. Autant que j'ai pu en juger, l'idée d'humanité est inconnue à la plupart des gauchos des pampas. Cette qualité, une des plus nobles dont l'homme soit doué, semble provenir incidemment de ce que nos sympathies, devenant plus délicates à mesure qu'elles s'étendent davantage, finissent par s'appliquer à tous les êtres vivants. Cette vertu, une fois honorée et cultivée par quelques hommes, se répand chez les jeunes gens par l'instruction et par l'exemple, et finit par faire partie de l'opinion publique[1]. » Darwin dit tout dans ces lignes essentielles dont je relève en particulier deux moments : « nos sympathies finissent par s'appliquer à tous les êtres vivants », et « l'expérience nous prouve, malheureusement, combien il faut de temps avant que nous considérions comme nos semblables les hommes qui diffèrent considérablement de nous par leur aspect extérieur et par leurs coutumes ». Ce que nous devons en retenir, c'est qu'il faut des siècles, voire des millénaires, pour qu'une catégorie d'individus discriminés en raison d'une différence quelconque soit enfin reconnue et protégée. Les animaux non humains, nous dit Darwin, commencent à obtenir notre considération. Mais ce phénomène est extrêmement récent. N'oublions pas que la première loi de protection animale en France est un texte minimaliste de 1850. Le mouvement est pourtant bien en marche et les lois de l'évolution, si elles poursuivent leur logique, devraient nous imposer dans un futur proche de respecter et protéger non seulement tous les animaux non humains sentients, mais aussi les autres expressions du vivant dans leur ensemble. Telle sera en tout cas l'une des missions de la nouvelle espèce humaine qui verra le jour si nous lui en laissons la possibilité.

Homo ethicus s'insurgera contre le meurtre d'un animal non humain de la même manière que *sapiens* s'insurge aujourd'hui contre le meurtre d'un humain. Manger un cochon ou une vache sera considéré comme un acte barbare. Mais les préoccupations d'*ethicus* ne s'arrêteront pas aux animaux. Pour tout sujet les *ethicus* veilleront à mettre

---

1. Charles Darwin – œuvres : *L'Origine des espèces*, *Voyage d'un naturaliste autour du monde*, *La Descendance de l'homme et la sélection sexuelle*.

en pratique l'injonction de John Stuart Mill : « La liberté de l'individu doit être ainsi bornée : il ne doit pas se rendre nuisible aux autres. » Ne pas être nuisible aux autres signifie, au XXIᵉ siècle, ne pas être nuisible à toutes les entités conscientes du vivant. À cette fin, l'humanité renouvelée sous l'étiquette *ethicus* aura pour énergies prioritaires la responsabilité et l'empathie.

Responsabilité et empathie

Les librairies sont remplies de manuels censés nous apprendre à supporter l'existence et à lui donner un sens, donc une valeur. Cette littérature promet les recettes pour « trouver le chemin de la paix intérieure », « vivre en harmonie avec soi », « s'abandonner à la vie », « dénicher les clés du bonheur » ou encore « goûter la joie ». Sans aller jusqu'à prétendre que ces livres font fausse route, ils présentent le défaut majeur de promouvoir la philosophie du « moi je », qui demande à l'individu de se scruter, de passer énormément de temps avec lui-même et de se trouver admirable. Tout en prétendant souvent le combattre, cette littérature encourage le modèle égoïste libéral qui, précisément, oblige les citoyens perdus et déconsidérés à se réfugier dans des méthodes de soutien psychologique qui les valorisent. Je crois au contraire que la priorité n'est pas soi, mais l'autre.

Par ailleurs, ces conseils louables oublient l'essentiel : le bonheur et l'harmonie, en tant que tels, n'ont aucune valeur. On peut supposer que les riches patrons des entreprises chimiques ou agroalimentaires qui empoisonnent la planète et ses habitants sont plus heureux que bon nombre de petits travailleurs au comportement vertueux. On peut être heureux en se comportant mal, et inversement. Si la recherche d'un bonheur personnel s'impose comme un objectif compréhensible et sain, elle ne saurait s'imposer comme l'objectif principal. Notre but ultime, à tous, le seul qui puisse donner un sens à nos vies, et dont découlera le bonheur valable, est la réalisation d'une morale vivante et exigeante, évoluant au gré des connaissances. La responsabilité et l'empathie définissent à elles seules l'ère du renouveau éthique que nous devons instaurer. Ces deux valeurs devraient constituer le ciment de toute société évoluée.

La responsabilité consiste à réfléchir en toutes circonstances aux conséquences de ses actes sur autrui. Elle concerne à la fois l'individu dans ses comportements quotidiens et la communauté dans ses décisions politiques. Trop d'humains vivent actuellement dans l'insouciance quasi absolue du tort ou du mal qu'ils engendrent. Après moi, le déluge : voilà la philosophie générale qui fait consensus aujourd'hui, encouragée depuis quelques décennies par des gouvernements cyniques qui défendent les intérêts d'une minorité favorisée en orchestrant la soumission de la majorité. Cette soumission est permise par la règle du « après moi, le déluge » qui touche aussi la masse des plus défavorisés, logiquement préoccupés, avant tout, par leur survie personnelle. Il suffit alors au gouvernement, allié de la minorité privilégiée, de scinder la majorité soumise en une multitude de groupes d'intérêts, et d'expliquer à chacun d'entre eux que leur sort est menacé par tous les autres. Les chômeurs, les cheminots, les fonctionnaires, les infirmières, les médecins, les étudiants, les retraités, les précaires, les contractuels, les petits entrepreneurs, et ainsi de suite... Chacun des membres de ces groupes est encouragé à jouer la carte de la survie personnelle, quels que soient les moyens, puisque de toute façon tous les membres des autres groupes sont fautifs et menaçants. Démantelons les services publics, baissons les allocations chômage, détricotons le droit du travail pour que plus aucun travailleur soumis ne soit en sécurité, tuons la planète, toutes les espèces vivantes, torturons, asservissons, inventons l'excuse de la dette, de la fraude, de la fainéantise, du « on n'a pas le choix », et liguons les citoyens les uns contre les autres. Pendant ce temps, ceux qui ont fait la dette, ceux qui fainéantisent dans les conseils d'administration, ceux qui ne craignent rien de la vie puisque protégés par des réseaux d'affaires, ceux qui organisent le hold-up des richesses communes, ceux qui causent le réchauffement climatique qui nous tuera bientôt, ceux qui déforestent et polluent à gogo, ceux qui éradiquent la vie, ceux-là se goinfrent grâce à l'absence de responsabilité individuelle et collective. Cessons de rejeter à tout moment la faute sur les autres. Dès qu'une difficulté survient, n'est-ce pas là aujourd'hui le réflexe humain ? Les machines à café et les tables à manger bruissent de conversations où chacun étale sa vie en geignant et en désignant des boucs émissaires à l'origine de son malheur. L'autre est un fautif idéal, il est une excuse toute trouvée. Mais avant de céder à cette facilité, étudions d'abord toutes les options concernant notre propre responsabilité : avons-nous réellement bien agi ? N'avons-nous pas nous-mêmes commis une erreur de jugement ou de comportement ? Posons la question, triturons-la, avant d'incriminer quiconque. On ne peut exiger de l'autre l'exemplarité si on ne s'y soumet pas soi-même.

L'empathie est la capacité à se mettre à la place d'un autre individu pour imaginer ce qu'il éprouve. L'exercice peut être douloureux ou dérangeant. J'envie donc les indifférents et les autocentrés qui n'ont qu'eux-mêmes comme préoccupation. Cela leur évite bien des tracas. Il leur suffit pour se sentir bien de se trouver un travail correctement rémunéré et de profiter ensuite des facilités matérielles et affectives que peut leur offrir la vie. Sans aucune sensibilité au malheur ou aux difficultés d'autrui, l'existence est beaucoup plus simple.

L'empathie est garante de progrès moral puisqu'elle oblige à essayer d'imaginer et de comprendre ce que ressent un individu afin de lui venir en aide ou, simplement, de ne rien faire qui lui nuirait. L'empathie, qui n'est finalement qu'une attention soutenue alliée à une honnêteté intellectuelle, permet de conclure à la nécessité morale de l'abolition de l'exploitation animale. Elle oblige aussi à la solidarité nationale sur les questions de santé, d'éducation, de logement, et sur tout ce qui contribue à alléger le passage sur Terre de chacun d'entre nous. L'empathie permet aussi de régler bien des situations conflictuelles qui empoisonnent le quotidien. Comme nos conversations et nos réactions gagneraient en sérénité si, chaque fois que nous communiquons avec une personne, nous prenions quelques instants pour tenter d'imaginer le poids du fardeau qu'elle porte peut-être : une maladie, la douleur d'une disparition ou d'un amour enfui, la lourdeur d'un travail humiliant... Mettons-nous à la place des autres, tout le temps, en toute circonstance, à la place de l'ami mais aussi à la place de l'ennemi, scrutons ses émotions et son histoire, et essayons de voir au-delà de ce que nos réflexes nous poussent à bien vouloir comprendre.

Vivre c'est

Vieillir, c'est aller vers le silence. Entendre moins, ne plus supporter d'entendre, jusqu'à ne plus entendre du tout. Parler moins, ne plus supporter de parler, jusqu'à ne plus rien dire jamais. Je sais que j'ai commencé à vieillir, car le silence me va de mieux en mieux.

Mais si je fuis plus qu'avant les voix et les bruits mécaniques, je ne peux toujours pas me passer de musique. Les notes continuent à habiller mes journées, et notamment mes séances d'écriture. Cette fois, la rédaction de *Vivant* s'est faite, entre autres, sur les voix de Kate Bush, Peter Gabriel, Steven Wilson, Andrew Gold, Alison Goldfrapp, Bjørn Riis, Cody Cannon de Whiskey Myers, Dann Huff de Giant ou encore Chris Martin de Coldplay. Le hasard a voulu que je tombe sur la vidéo d'un concert de ce groupe britannique alors que je m'interrogeais sur ce que vivre peut bien signifier pour un être humain. Et soudain, Chris Martin est apparu sur mon écran bondissant sur scène, se tortillant derrière son piano multicolore, envoûtant la foule, l'entraînant dans son ouragan d'allégresse, commentant sa journée, martyrisant les aigus et les graves avec insouciance, oubliant les paroles d'une chanson, se trompant dans les accords d'une autre, s'excusant avec hilarité, magnifiant l'instant d'après une mélodie caressée sur ses touches, alternant mots d'humour et piqûres de conscience, jouissant de son statut de paratonnerre émotionnel avec grâce, offrant ainsi deux heures d'un spectacle mélodique grandiose, aux imperfections parfaites. Chris Martin est magnifiquement vivant.

Il ne s'agit que d'un exemple. Lorsque l'on est un humain, il y a mille manières différentes d'être vivant. Mais une chose est certaine : en raison de la dimension intellectuelle qui caractérise *Homo sapiens* (auquel je préfère, comme expliqué précédemment, la dénomination plus juste d'*Homo intellectualis*), la vie d'un humain ne peut se résumer à ses fonctions biologiques agrémentées de deux ou trois distractions : manger, dormir, se reproduire, travailler pour pouvoir manger, dormir et se reproduire, aller au cinéma ou jouer au foot pour oublier qu'on doit tout le reste du temps travailler pour pouvoir manger, dormir et se reproduire...

« Qu'arrive-t-il quand une de nos actions cesse d'être spontanée pour devenir automatique ? La conscience s'en retire [1] », explique Henri Bergson. Pour qu'un homme soit vivant, il lui faut la liberté, la volonté, la résistance, l'altruisme, la singularité. Nous sommes entrés dans une ère qui combat ces valeurs, perçues par l'ordre dominant comme autant de menaces. Le *totalitarisme soft* [2] des fausses démocraties bâillonne les esprits et réduit les citoyens à l'état de zombies. Le zombie haïtien est une personne privée de conscience et de libre arbitre, à la suite d'un rite vaudou qui utilise sur ses victimes un neurotoxique comme la tétrodotoxine. Les inhibiteurs de

---

1. *L'Énergie spirituelle*, Payot, 2012.
2. Aymeric Caron, *Utopia XXI*, p. 121 et 149.

volonté, dans nos organisations, sont d'un autre ordre. Noam Chomsky, à qui l'on doit la théorie de la « fabrication du consentement », parle de « lavage de cerveaux en liberté » pour décrire la manière dont les sociétés néolibérales, dites libres et ouvertes, procèdent pour anesthésier ou censurer les volontés divergentes [1]. Les moyens sont multiples. Ils relèvent de règles économiques, sociales et culturelles, et s'appuient sur la publicité et des lois liberticides. Or si l'être humain se différencie des autres animaux par ses capacités cognitives supérieures, il n'est plus tout à fait vivant une fois dépossédé de son sens critique, de ses capacités d'imagination ou de son empathie.

Tout être vivant est mû par une énergie qui travaille au prolongement et à l'amélioration de lui-même. Spinoza appelle ce principe le *conatus*, Schopenhauer le *vouloir-vivre*, et Nietzsche la *volonté de puissance*. Cependant, chez les humains, cette injonction biologique est corrélée à des aspirations d'ordre psychologique. Notre volonté de vivre est encouragée, ou au contraire empêchée, par des motivations personnelles : il nous faut trouver un sens à l'effort quotidien que requiert la survie. Sans cela, l'envie d'exister peut nous abandonner et mener jusqu'au souhait de ne plus être et de se tuer. Il serait d'ailleurs faux de limiter ce phénomène aux seuls humains. Les dépressions concernent aussi d'autres animaux puisqu'on les observe par exemple chez les chiens et les chats. Il arrive même que ceux-ci se laissent mourir après la perte d'un compagnon humain ou non humain avec lequel ils ont grandi. Quelle est l'importance de la dimension psychologique dans le vouloir-vivre des espèces animales non humaines ? Cela dépend évidemment de l'espèce et du degré de développement de sa

---

1. Noam Chomsky, « Le lavage de cerveaux en liberté », *op. cit.*

conscience et sur ce point nous sommes relativement ignares. Mais je pense pouvoir écrire sans risque de me tromper que cette dimension psychologique est bien plus déterminante chez l'humain que chez les autres animaux. Chez nous plus que chez nos cousins divers, le vouloir-vivre ne se limite pas à une injonction des cellules et de l'instinct. Il provient également, et en grande partie, d'une motivation que chacun est prié d'alimenter quotidiennement. Il nous faut tous trouver l'envie d'exister.

Cette chose qui nous motive pour nous donner envie d'exister est, je le crois, nécessairement liée à autrui. Certes la solitude est une tentation forte pour tout être humain sensé, car l'incohérence et la méchanceté qui régissent les assemblées poussent au désespoir et au repli sur soi. Pourtant, la vie humaine ne peut s'exprimer pleinement qu'en présence d'un autre. Et ce, pour une raison simple : tout être humain a besoin d'être reconnu pour exister. Notre malheur vient de l'indifférence à notre singularité. La reconnaissance, qui doit être à la fois sociale et intime, peut venir de la qualité d'un travail, de la puissance d'une œuvre, de la richesse d'une amitié ou d'un amour. Nous mourons, ou plutôt nous échouons à vivre, de n'être regardés et remerciés par personne. Sans le regard d'autrui, on est, mais on n'existe pas. C'est un fait : nous faisons des choses pour que ces choses soient regardées par les autres. Un acteur et un enseignant ont besoin de séduire ou convaincre un public, un journaliste a besoin de lecteurs ou de spectateurs pour être entendu, un médecin a besoin de patients à soigner, d'innombrables professions ont besoin de clients à satisfaire, un mari a besoin d'être considéré par sa femme et inversement... La vie d'ermite n'a d'intérêt que si elle nourrit une réflexion sur le monde, et donc sur le rapport à l'altérité, ou si elle s'entoure de compagnons non humains qui alimentent à leur manière cette reconnaissance attendue.

Comme j'ai eu l'occasion de le rappeler dans les pages précédentes, la nécessité d'autrui comme carburant à notre vouloir-vivre n'est pas garante de sentiments généreux. Dans ce processus, un individu ne cherche pas naturellement le bien de l'autre : il se sert simplement de cet autre pour satisfaire un besoin personnel d'exister. Cela explique que la manière de chercher le bonheur varie selon les individus et que cette quête oublie fréquemment la morale. Votre but quotidien peut être par exemple l'argent, le pouvoir, la flatterie de l'ego, la tranquillité, mais aussi, cela arrive, l'utilité aux autres. Souvent les motivations s'entremêlent dans la complémentarité ou dans la contradiction, car nous sommes évidemment tous complexes et multiples. En outre, les priorités peuvent évoluer au fil d'une existence et certaines motivations devenir désuètes voire être rejetées.

Il est par ailleurs des gens sans ambition particulière, ni d'argent, ni d'ego, ni de pouvoir, ni de succès, ni de réalisation prestigieuse, et qui vous disent simplement, lorsqu'on leur demande de prendre parti sur une question qui a des effets sur un tiers : « Oh moi, tout ce que je veux, c'est ne pas avoir d'ennuis. » Aussi incroyable que cela puisse paraître, cette ambition du « être peinard », dénuée de la moindre dimension éthique, est une priorité pour nombre de personnes. Ce sont celles qui n'interviennent pas lorsqu'un passant est agressé devant leurs yeux, lorsqu'un collègue est licencié sans motif sérieux, lorsqu'un quidam est victime d'injustice ou de discrimination, ou lorsqu'on leur donne un ordre qu'elles savent stupide ou odieux mais qu'elles exécutent tout de même. On sous-estime le poids de ceux qui seraient prêts à tout pour, simplement, « ne pas avoir d'ennuis ». On les appellera lâches, égoïstes ou abrutis : ils sont en partie responsables des maux qui minent notre société. Membres du règne animal, assurément, il faut reconnaître qu'ils ne diffèrent que de peu des individus de la famille des mollusques bivalves.

Les humains ont beaucoup cherché le propre de leur espèce. Ils ont souvent cru l'avoir trouvé mais l'éthologie leur a démontré, à chaque fois, que la caractéristique dont ils se pensaient les seuls dépositaires était en fait commune à nombre d'animaux : l'intelligence, le langage, le rire, l'empathie, l'utilisation d'outils... Le propre de l'homme existe bien pourtant. J'en identifie même deux. Il y a d'abord sa propension unique à détruire le vivant, y compris sa propre espèce, cas unique de suicide collectif dans l'histoire de la vie sur Terre. Et il y a ensuite cette capacité, devenue obligation, à faire des choix moraux, c'est-à-dire à agir en fonction d'un calcul mettant en balance le bien et le mal, le bon et le mauvais, le juste et l'injuste. Comme nous l'avons vu avec Darwin, cette dimension morale ne nous est toutefois pas réservée : on sait qu'elle habite d'autres espèces. En revanche, nous sommes semble-t-il la seule espèce à avoir fait de cette moralité le ciment de nos sociétés et à en proposer une étude sans cesse renouvelée. Notre vivre-ensemble est de fait sans cesse questionné, remis en cause, réactualisé à l'aune des jugements moraux que nous émettons. Et même si, individuellement, nombre d'entre nous font des choix égoïstes guidés par leur seul intérêt, nous affichons collectivement la volonté de travailler sans relâche à un monde meilleur qui permette le bonheur du plus grand nombre, en fonction du bien, du bon et du juste. De ce fait, vivre, pour un humain, c'est prendre parti. C'est s'engager. Sinon c'est vivoter ou survivre.

Contrairement à la croyance générale, les animaux non humains sont eux aussi capables de s'engager, de prendre des risques, au lieu de fuir ou de se préoccuper prioritairement de leur personne. Je ne m'attarderai pas sur le cas des fourmis soldats ou des abeilles ouvrières, « programmées » pour défendre la colonie et prêtes à donner leur vie pour remplir leur mission. Le sacrifice chez les animaux sociaux, en vue de protéger le groupe, est une attitude répandue. Mais il est aussi courant d'observer, chez les animaux non humains, des individus qui viennent au secours de congénères en danger, sans que la notion de protection du groupe joue le moindre rôle. Des vidéos nous le prouvent régulièrement, comme celle, incroyable, d'un chien zigzagant entre les voitures sur une autoroute pour récupérer le corps inanimé d'un autre chien qui vient d'être heurté par un véhicule, et le tirer en dehors de la route. Sur une autre vidéo assez célèbre, tournée il y a quelques décennies dans le parc Kruger en Afrique du Sud, on observe un hippopotame qui vient au secours d'un impala attaqué par un crocodile : il fait fuir l'assaillant puis ramène la victime sur la rive et semble ensuite tenter de la ranimer. Les scientifiques ont également démontré que des rats sont capables de solidarité et d'altruisme. Lors d'expériences, ces rongeurs ont été observés en train de sauver des camarades de la noyade, ou de les libérer d'une prison, ou de partager leur repas. Il est donc inexact d'affirmer que l'engagement pour autrui ne concerne que les humains.

Mais il faut accepter que la moralité occupe au sein de notre espèce une place inédite, qui nous oblige. Refuser l'engagement qu'imposent les choix éthiques, en se contentant de se laisser bercer par un mouvement majoritaire qu'on n'ose pas contrarier, revient à refuser cette dimension éminemment morale caractéristique de notre genre en devenir. Celui d'entre nous qui choisit la passivité et l'inaction refuse donc une part essentielle de lui-même, celle qui devrait le définir le plus. De la même manière qu'un lion, un chat ou un vison, s'ils sont enfermés dans une cage, ne peuvent exprimer les besoins essentiels caractéristiques de leur espèce, l'humain qui refuse de penser et de s'engager n'est pas tout à fait humain, donc pas tout à fait vivant.

Quelques symptômes permettent de vérifier, de temps en temps, que notre pouls bat toujours. Ces symptômes sont apaisants, grisants ou douloureux. Mais ils font tous vibrer la chair.

Vivre, c'est bouger.
Vivre, c'est pouvoir.
Vivre, c'est vouloir.
Vivre, c'est rater.
Vivre, c'est recommencer.
Vivre, c'est créer.
Vivre, c'est échouer.
Vivre, c'est regretter.
Vivre, c'est risquer.
Vivre, c'est oser.
Vivre, c'est gagner.
Vivre, c'est perdre.
Vivre, c'est se tromper.
Vivre, c'est questionner.
Vivre, c'est renoncer*.
Vivre, c'est décevoir.
Vivre, c'est être déçu.
Vivre, c'est détruire.
Vivre, c'est construire.
Vivre, c'est refuser.
Vivre, c'est aimer.

Vivre, c'est aider.
Vivre, c'est mourir.

*Vivre, c'est renoncer : l'affirmation peut surprendre. Vivre n'est-il pas précisément le contraire ? Insister, essayer, inventer ? Certes, la vie est une persistance. Mais elle se révèle aussi une incessante succession de choix et en ce sens, de renoncements. Choisir une femme, c'est renoncer à toutes les autres. Idem pour un métier ou une ville où l'on s'installe : chaque chemin est l'abandon de tous les autres. Tout choix est une annihilation de possibles. Il s'agit, je crois, de la plus pénible de nos contraintes, qui alourdit encore le poids de la mort sur nos épaules puisque chaque choix est un assassinat, une extermination de vies que l'on n'aura pas. Cela s'applique à tous les domaines : lorsque je me plonge pour plusieurs heures ou plusieurs jours dans un livre, je décide par la même occasion de délaisser tous les autres, alors que mon temps de vie limité me garantit que je ne pourrai jamais lire tous ceux qui me font envie et dont je veux nourrir mes neurones, ces étranges productions du vivant qui réclament leur nourriture malgré moi.

Le renoncement permanent est une douleur qui mène au doute. Vivre, c'est douter. Au moment où l'on prend une décision qui engage notre avenir, il est impossible de savoir si celle-ci est la bonne. Évidemment, plus on avance dans l'âge, plus l'expérience permet d'éliminer des choix que l'on sait par avance incompatibles avec nos désirs identifiés. Mais la projection mentale ne suffit pas à savoir ce qui convient ou pas. D'abord parce qu'on se connaît soi-même trop peu, et ensuite parce qu'on ignore ce que contient réellement le paquet que l'on a choisi d'après son emballage et quelques arguments de vente. On ne connaît les choses qu'à l'usage, et on ne s'engage que sur des intuitions et des a priori. Les relations amoureuses ne sont que des paris. On ne connaît l'autre qu'à son contact prolongé, on le découvre au fil des situations, parfois même après dix ou vingt ans de vie commune. Il en est de même avec toutes les décisions importantes de son existence. Comment savoir vraiment ? Et que faire, si l'on s'est trompé ? Beaucoup s'accommodent. On reste quand même, on fait avec, on s'arrange. Bref, on tue une partie de soi-même. Plutôt crever tout de suite.

Pour atténuer le mal du renoncement qui nous coupe les muscles et endort le cerveau, il est recommandé de s'inventer plusieurs vies en une : changer parfois de métier, de lieu de résidence, d'amour. Certains bouleversent soudainement ces trois univers à la fois : ils se réinventent au complet et ils ont raison. Notre pire drame habite ces montagnes que jamais l'on ne saluera. Il suinte sur ces peaux que jamais l'on n'effleurera. Je ne parle pas de regards et d'effleurements fugaces, symptômes de notre société de consommation rapide. Je pense bien plutôt à des rendez-vous intimes prolongés qui se terminent uniquement lorsque la magie s'atténue ou lorsque la soif de la découverte assèche à nouveau la gorge. Lorsque l'on a compris une chose et que cette chose ne permet plus de sentiments nouveaux, il faut en changer, pour continuer à vivre.

Naturel artificiel

Tout le monde aime la nature. Officiellement en tout cas. Rarement on entendra quelqu'un affirmer qu'il préfère l'odeur des gaz d'échappement aux senteurs des arbres. Par ailleurs, différentes injonctions sociales nous encouragent quotidiennement à « respecter la nature », à « suivre notre nature », à « manger naturel », à paraître « au naturel » et à « être nature ». Dans notre société occidentale, comme dans toutes les sociétés d'ailleurs, la nature est donc encensée, valorisée, par opposition à l'artificiel et au fabriqué. La nature incarne l'idée d'une vérité et d'une garantie de santé. Mais encore faut-il savoir de quoi on parle. Car ce concept de « nature » s'est largement brouillé ces dernières années. La « nature » en tant que telle existe-t-elle seulement ? Comment expliquer que des groupes aux intérêts contradictoires s'en réclament ? Écologistes progressistes et antilibéraux, conservateurs rétrogrades, industriels avides de profits : tous avancent leurs arguments au nom de la nature et du naturel. Essayons donc de nous mettre d'accord sur ce que signifie ce mot si populaire et manipulé de toutes parts.

Le mot « nature » peut exprimer l'ensemble du monde qui nous entoure, non pollué par une intervention humaine : les forêts, les bois, les mers, les rivières, les montagnes, les plages… On parle alors aussi d'« environnement ». C'est la définition qu'en proposait le naturaliste François Terrasson, qui était maître de conférences au Muséum national d'histoire naturelle. Pour lui, « la Nature, c'est ce qui existe en dehors de toute action de la part de l'Homme […] [et] qui ne dépend pas de notre volonté [1] ». Problème : les humains ont colonisé une si grande partie de la planète qu'ils ont posé leur empreinte presque partout. L'agriculture, par exemple, a modifié la nature lorsqu'elle est apparue il y a 12 000 ans. C'est pourquoi l'argument consistant à affirmer que la fin des élevages serait contre naturelle parce qu'elle modifierait négativement les paysages n'a aucun sens. L'élevage est une invention humaine qui a justement bouleversé l'organisation « naturelle » des animaux et qui a réorganisé les paysages, en faisant reculer les forêts, afin de faire de la place pour laisser brouter les troupeaux. Les cultures de céréales ont d'ailleurs eu la même conséquence.

Mais revenons sur cette définition même de la nature : n'est-il pas curieux de considérer qu'un espace, pour être qualifié de « nature », devrait être vierge de toute influence humaine ? Si je prends un pot que je remplis de terre et que j'y plante un bulbe de tulipe, puis que je l'arrose, alors au bout de quelques mois une tige d'une trentaine de centimètres, des feuilles et des pétales colorés vont apparaître, comme par magie. Certes, une main humaine a activé le processus, mais la fleur a néanmoins poussé en parfaite autonomie, grâce à des mécanismes biologiques internes

---

1. François Terrasson, *La Peur de la nature*, Sang de la Terre, 1988, p. 28-29.

qui témoignent qu'elle est en vie. Et cette tulipe est bien, en elle-même, un petit bout de nature.

Par ailleurs, l'être humain est lui-même une création de la nature. Par conséquent, pourquoi son influence, qui est le fruit de capacités intellectuelles et physiques « naturelles », serait-elle « a-naturelle » ? Le nid de l'oiseau, la ruche de l'abeille, la toile de l'araignée ou le barrage du castor sont d'habiles constructions de structures qui n'existeraient pas sans le travail d'un animal. Pourquoi un nid ferait-il partie de la nature, tout comme le miel, mais non une maison en briques ou un ordinateur ? Le degré de complexité d'un artefact détermine-t-il son appartenance à la sphère naturelle ? Après tout, le verre et le béton sont issus de la transformation du sable, le ciment provient du calcaire, de l'argile et de l'eau, l'acier est fabriqué à partir de fer et de carbone... Même l'énergie nucléaire n'est que l'exploitation des propriétés des atomes. Dans toutes nos créations, même les plus destructrices et les plus polluantes, nous nous contentons de tirer profit des possibilités de la nature. Cela annihile l'idée même d'une nature distincte de l'homme. Ce dernier est en réalité profondément ancré dans la nature, même lorsqu'il la détruit ou lorsqu'il déploie des trésors d'ingéniosité pour mettre au point des produits de haute technologie.

Il existe toutefois, il est vrai, des différences notables entre l'œuvre du castor et celles de l'humain. D'abord, les créations humaines bouleversent les équilibres écologiques. Sommes-nous pour autant la seule espèce à engendrer des perturbations d'écosystèmes ? Non, puisqu'il existe des espèces invasives qui détruisent des récoltes ou même d'autres espèces : frelons, limaces, sauterelles, criquets... Mais il faut admettre que ces animaux peuvent être devenus invasifs à cause, précisément, d'une action humaine qui a favorisé leur développement.

Ensuite, et c'est sans doute cela le plus important, les créations humaines évoluent, se perfectionnent, deviennent de plus en plus complexes au fil des siècles, grâce à nos capacités d'imagination et de transmission. En revanche, les fabrications des espèces non humaines semblent comme figées dans une répétition qui limite les innovations. La notion de nature serait-elle alors opposée à celle de l'invention ? Cela n'a pas de sens, puisque le vivant ne cesse d'inventer et de s'adapter, en permanence, à des rythmes variables. On appelle cela l'évolution.

En revanche, l'énergie qui permet cette évolution semble, pour toutes les espèces non humaines, venue de l'extérieur. Il s'agit de processus et de forces qui mesurent l'adaptabilité des espèces à leur environnement, et qui par le biais de l'expérience, sélectionnent des caractères amenés à durer, à muter ou à disparaître. Mais en ce qui concerne l'humain, ce processus évolutif extérieur est doublé par un processus intérieur : *Homo sapiens*, celui *qui sait*, a pour la première fois dans l'histoire du vivant la possibilité d'agir consciemment sur son avenir en dessinant un monde qui lui fait envie et en se créant les outils pour le bâtir. Est-ce cela qui n'est pas « naturel » ?

Il me semble, comme j'ai eu l'occasion de l'expliquer dans un ouvrage précédent [1], qu'en réalité toutes les créations humaines peuvent être considérées comme « naturelles » dans la mesure où elles ne s'appuient que sur les matières ou les phénomènes physiques et chimiques offerts par la nature. Lorsqu'il fabrique, l'humain se contente d'exprimer les propriétés cachées de la nature qui l'entoure. Une voiture, une fusée, un téléphone, un robot-mixeur ou un antibiotique sont parfaitement naturels en ce sens qu'ils

---

1. *Antispéciste, op. cit.*

sont des révélations des possibilités du vivant. Il est cependant une substance qui n'obéit à aucun processus biologique ou physique particulier et que les humains possèdent en quantité inédite : la morale. Jusqu'à récemment, celle-ci n'existait pas dans la nature, laquelle crée les épidémies et les catastrophes naturelles, impose la mort, le deuil, la souffrance, la tristesse, qui est ontologiquement cruelle mais qui n'est pourtant ni bonne ni mauvaise. Elle impose ses règles, c'est tout, sans choisir son camp. Néanmoins, les humains ont fait de la morale le ciment de leurs sociétés. C'est donc cela, sortir de la nature : différencier le bien du mal, le juste de l'injuste, et favoriser l'un plutôt que l'autre.

Car la nature est le sauvage, le brut, le violent. Elle peut faire peur. Un marécage boueux, un désert, une forêt sombre, un serpent venimeux, une araignée poilue, un nid de fourmis tueuses, un caïman, un requin géant : la nature peut sembler, à juste titre, hostile et agressive. D'ailleurs, à part quelques expérimentateurs, qui aimerait passer la nuit seul dans la jungle, sans tente ni lumière ? Le plus souvent, ce n'est pas cette nature que les gens disent aimer. Comme le fait remarquer à juste titre François Terrasson, la plupart d'entre nous ont pris l'habitude d'aimer une nature maîtrisée, nettoyée et donc aseptisée. Terrasson classe les gens en deux catégories : ceux qui aiment les ruines et ceux qu'elles angoissent. Or qu'est-ce qu'une ruine, interroge-t-il, si ce n'est « l'endroit où la nature reconquiert un lieu de civilisation humaine [1] » ? Et il poursuit : « Une puissance étrangère faite de mousses, de ronces, d'orties, de lézards et de limaces s'infiltre, s'installe, triomphe là où l'homme avait dressé le symbole de sa puissance face à

---

1. *La Peur de la nature, op. cit.*, p. 66.

l'environnement : sa maison. En effet, si la nature était si plaisante, insinuent certains, pourquoi aurait-on besoin de construire un toit pour s'en protéger ? Et si l'herbe pousse sur ce toit, si les lichens commencent à tacher les pierres, est-ce que ce n'est pas là une manifestation intolérable du vieil ennemi : la nature ? Quand on la conçoit comme radicalement différente, étrangère, animée d'on ne sait quel désir d'embêter les gens. Ceux qui portent en eux une mentalité d'apartheid de la nature seront surpris et inquiets de voir ainsi rappliquer en terrain anciennement conquis tout cet attirail foisonnant de faune et de flore, auquel notre intervention volontaire ne prend aucune part [1]. » Ces ruines, explique Terrasson, ces épines, ces orties, ces mille-pattes, ces vipères, effraient. La flore et la faune doivent être maîtrisées pour qu'on les encense : vive les parcs naturels et les réserves. Ce que préfère la majorité n'est-il pas en fait le « naturel artificiel » tel que nous l'inventons dans les espaces urbains ? Et de conclure un peu plus loin : « Si nous faisons attention à l'arrière-plan psychologique qui sous-tend la notion de parc, nous voyons avec consternation qu'il s'agit de l'idée : "Puisque cela ne peut plus exister dans la vraie réalité, fabriquons-nous de petits territoires où sera gardée l'illusion de la nature, mais sachons bien que cela doit être à part du monde humain réel, qui, lui, pour progresser, doit détruire la nature" [2]. »

Une autre définition du mot « nature » renvoie à l'essence des choses. On va parler de la nature humaine. Ou bien dire : « Les chats chassent les souris, c'est dans leur nature. » La nature est alors ce qui *est* fondamentalement et qui ne saurait être autrement. L'homosexualité est ainsi

1. *Ibid.*, p. 66.
2. *Ibid.*, p. 157-158.

considérée par certains comme contre nature car elle contreviendrait à la règle biologique qui veut que deux humains ne peuvent se reproduire que s'ils sont de sexe opposé. Mais cette vision des choses pose plusieurs problèmes. D'abord, une réalité biologique ne crée pas une vérité morale. Ou alors il nous faudrait être opposés à l'idée que la médecine aide un couple qui ne parvient pas à avoir d'enfant. En effet, l'infertilité est, elle aussi, un choix de la nature pour certaines de ses créatures – sauf dans le cas, évidemment, où cette infertilité est causée par des facteurs humains, à savoir des perturbateurs endocriniens. Selon cette vision d'une nature dont il faudrait respecter coûte que coûte les règles initiales, il nous faudrait renoncer aux traitements médicamenteux, aux opérations chirurgicales, aux lunettes, aux prothèses auditives, aux appareils dentaires, aux dents à pivot, mais aussi à toute invention qui nous extirpe de notre condition originelle de mammifère bipède sans aptitude particulière. Nous n'avons pas d'ailes : on ne prend pas l'avion, on ne s'envole pas dans des fusées ! Nous ne sommes capables de courir que quelques dizaines de kilomètres par jour, et plutôt lentement : on ne conduit pas de voiture ! Et ainsi de suite… Par ailleurs, que sont l'attirance ou l'amour qu'éprouvent deux hommes ou deux femmes l'un(e) pour l'autre sinon une production de la nature ? C'est ainsi : l'homosexualité est aussi naturelle que l'hétérosexualité. Elle est juste moins répandue.

Dans l'histoire, la nature servit de prétexte pour exterminer ou réduire en esclavage des populations présentées comme *naturellement* inférieures, ou pour discriminer des femmes *naturellement* dédiées au ménage et aux tâches subalternes. Aujourd'hui, c'est encore au nom d'une prétendue « nature » que l'exploitation animale en général et la consommation de viande en particulier sont justifiées. Le mot « nature » est en fait utilisé par certains esprits rétro-grades pour défendre un modèle de société figé et fermé à toute évolution. Mais cela fait bien longtemps que pour les sociétés humaines, la nature n'existe plus, et le débat actuel sur le transhumanisme qui effraie n'est valide que pour les questions morales et politiques auxquelles il nous impose de répondre. En revanche, assigner à la robotisation et à l'informatisation le rôle d'ennemis de la nature est une extravagance intellectuelle.

Vivant artificiel

Le vivant tel que nous le connaissons aujourd'hui ne sera bientôt plus. Pas seulement parce que nous en aurons éliminé une bonne partie, mais aussi parce que nous sommes en train de développer un nouveau domaine qui va bouleverser notre rapport aux êtres biologiques : l'intelligence artificielle (IA). J'emploie le mot « domaine » à dessein. Souvenez-vous, au début de ce livre nous avons vu que le vivant est actuellement divisé en trois grandes familles appelées « domaines » : les eucaryotes, les bactéries et les archées. Bientôt nous pourrons y ajouter une quatrième : les êtres intelligents autonomes artificiels, ou, si vous préférez, les êtres vivants *acellulaires*. Il est question ici d'intelligence artificielle, ou IA.

Jusqu'à peu, les ordinateurs n'étaient que des machines. Ils sont désormais bien plus que ça. Grâce au *deep learning*, ils apprennent et peuvent emmagasiner par eux-mêmes de nouvelles connaissances et capacités, ce qui pulvérise les possibilités offertes jusqu'alors par la seule programmation. Le principe : des réseaux de millions de neurones artificiels, répartis en couches, qui communiquent entre eux et collaborent pour permettre à un programme de devenir toujours plus performant, chaque neurone effectuant des calculs simples. L'idée est restée longtemps balbutiante, mais la puissance nouvelle des ordinateurs l'a rendue extrêmement efficace. Ainsi, en 2012, Google Brain, le projet de *deep learning* de Google, a découvert par lui-même le concept de chat, rien qu'en visionnant des millions d'images pendant plusieurs jours [1]. La technique du *deep learning* est déjà utilisée aujourd'hui pour les voitures autonomes, les diagnostics médicaux ou la prédiction financière.

Les machines nous surpassent déjà en de multiples occurrences. Précision, fiabilité, endurance, elles sont meilleures que nous pour toutes les tâches techniques qui ne requièrent aucune inventivité particulière. Meilleures, largement moins chères, dépourvues de toute revendication syndicale, disponibles H24 7j/7 : dans quelques millénaires, plus aucun travail manuel autre qu'artistique ou artisanal ne sera réalisé par un humain. Les intelligences artificielles sont par ailleurs en train de remplacer les humains dans les tâches administratives, qui sont progressivement prises en charge par des logiciels. Nous sommes également entrés dans l'ère des *chatbots*, des robots virtuels qui conversent avec un utilisateur sur Internet pour l'accueillir, le renseigner ou le conseiller. Ces interlocuteurs numériques vont se développer dans tous les aspects de notre vie quotidienne. Ils présentent d'énormes avantages sur les humains : ils ne sont pas soumis aux aléas de leur humeur et de leur santé, ils ne perdent pas patience, ils ne sont pas susceptibles ou irascibles, ils peuvent être drôles, chaleureux, et ils sont programmés pour nous être agréables et nous valoriser. Comment ne pas les préférer à

---

1. Morgane Tual, « Comment le *deep learning* révolutionne l'intelligence artificielle », *Le Monde*, le 24 juillet 2015.

certains agents bien humains auxquels nous sommes trop souvent confrontés ? Ces *bots*, auxquels on peut évidemment donner une voix humaine, remplaceront bientôt les humains dans tous les postes d'accueil téléphonique, du simple standard au service après-vente en passant par la Sécurité sociale et les centres des impôts. Implantons maintenant ces intelligences artificielles évolutives dans des corps-machines ressemblant en tout point aux nôtres de chair et de sang : nous voici avec des humanoïdes qui intégreront notre quotidien comme domestiques ou comme employés dans tous les lieux qui nécessitent une relation client physique, aéroports ou restaurants par exemple. Les robots intelligents joueront d'autre part un rôle prépondérant dans les rapports amoureux, dont la nature sera prochainement bouleversée. Et pour cause : imaginez que vous ayez la possibilité de choisir un partenaire au physique et au caractère répondant à vos attentes. Mieux : un partenaire que vos propres caractéristiques humaines et naturelles ne vous auraient sans doute jamais permis de séduire. Tentant, non ? Ajoutez-y la certitude de ne jamais endurer de reproches injustes ou de trahison, et de ne jamais vous faire larguer, quel que soit votre comportement. Beaucoup préféreront l'artificiel au naturel, d'autant que l'artificiel a toutes les chances d'être plus intelligent, plus spirituel, et plus divertissant qu'un(e) partenaire humain(e). À moins de considérer que l'on tombe amoureux de quelqu'un pour ses défauts, théorie à laquelle je n'adhère pas. Mais remettons-nous au travail.

L'intelligence artificielle va faire disparaître presque totalement les emplois. Le capitalisme libéral cherche toujours à réduire les coûts de production et donc les salaires. Les entreprises n'auront aucun intérêt à conserver des salariés humains. Cela va évidemment poser un problème économique et politique : notre système actuel, qui repose sur le principe qu'un individu doit travailler pour obtenir un revenu lui permettant de subvenir à ses besoins, n'aura bientôt plus aucun sens puisque les machines feront presque tout à notre place. Ne subsisteront pour les humains que les postes de direction directement reliés aux actionnaires. Mais les directeurs aussi seront sans doute un jour remplacés. C'est une évidence : un logiciel suffisamment puissant peut prendre pour une entreprise des décisions rationnelles et prédictives bien plus efficaces que celles des patrons actuels qui multiplient bourdes et fautes d'anticipation. La fin du travail pour les humains est une perspective partagée par Nick Bostrom, philosophe et professeur à Oxford, auteur de l'essai *Superintelligence*[1] dans lequel il analyse les dangers d'une IA supérieure à l'intelligence humaine. Selon lui, « le but ultime de l'intelligence artificielle doit être la disparition totale du travail[2] ». Mais il identifie immédiatement les deux conséquences problématiques de cette révolution. La première a été évoquée quelques lignes plus haut, elle est économique : de quoi allons-nous vivre si nous ne travaillons plus ? La question n'est toutefois pas la plus angoissante. Car imaginer une société où les moyens de subsistance sont décorrélés de l'emploi est même une perspective réjouissante. La deuxième conséquence est beaucoup plus gênante. Elle est d'ordre psychologique et concerne l'estime de soi, dans une société qui jusqu'à présent ne permet aux uns et aux autres

---

1. Dunod, 2017.
2. Benoît Georges, « Nick Bostrom : "Le but ultime de l'intelligence artificielle doit être la disparition du travail" », *Les Échos*, le 26 juin 2017.

de se définir qu'à travers leur position sociale et leur occupation professionnelle : « La dignité humaine est intimement liée au fait de subvenir à ses besoins, de gagner son pain, note Bostrom. Je pense que c'est quelque chose qu'il faudra repenser dans ce monde futur où nous n'aurons plus besoin de travailler pour vivre. Je pense qu'il faudra repenser l'éducation, qui est conçue pour fabriquer des engrenages productifs de la machine économique. Peut-être que, dans le futur, il faudra former les gens à faire un usage de leurs loisirs qui ait un sens, à maîtriser l'art de la conversation, à avoir des hobbys qui rendent leur vie plus agréable [1]. »

Si l'IA peut avantageusement remplacer dans le travail les humains défaillants, irrationnels, fragiles, stupides, sans mémoire, aux puissances de calcul limitées, elle devrait pouvoir s'imposer dans un autre domaine où les capacités d'analyses, et donc de calcul, sont sollicitées dans des proportions inégalées : la politique. En effet, jusqu'à présent, les pays sont gouvernés par des individus aux compétences intellectuelles souvent limitées, à la culture littéraire, historique, économique, et scientifique superficielle, guidés par des ambitions égoïstes, soumis à l'influence des clans qui leur ont permis d'accéder au pouvoir, et pour certains perturbés par de graves troubles psychiatriques. Comment attendre d'eux qu'ils prennent les décisions que la raison impose ? En réalité, le dirigeant politique actuel est un anti-logiciel puisqu'il s'écarte systématiquement de la tâche qui lui est confiée, à savoir assurer le plus grand bonheur possible pour le plus grand nombre possible. Aucun des présidents qu'a connus la France dans son histoire n'a été capable de remplir parfaitement sa mission. Pour la plupart

1. *Ibid.*

d'entre eux, le résultat fut même catastrophique. Or on ne demande pas à un dirigeant politique d'être artiste ou romantique, donc de laisser place à ses sentiments, choses dont une machine est censée être incapable, mais simplement de résoudre des équations complexes, exactement comme un ordinateur. Il lui faut trouver les moyens d'organiser la vie d'une collectivité citoyenne le mieux possible en prenant en compte les intérêts de tous. Pour cela il lui faut intégrer une foultitude de données qui ne sont rien d'autre que du big data : la composition sociologique du pays qu'il dirige, le profil de chacun des citoyens et ses attentes, l'état des ressources de ce pays, les besoins dans de multiples domaines (santé, éducation, alimentation, logement, transports, défense, culture, etc.), les spécificités économiques, culturelles, historiques de tous les autres pays du monde avec lesquels il est en relation, et ainsi de suite. Il doit par ailleurs, pour chaque nouveau projet d'envergure initié ou géré, être capable d'en estimer les conséquences à long terme, qu'elles soient économiques, environnementales, diplomatiques ou stratégiques. Cela signifie évaluer les répercussions complètes pour les siècles à venir du développement de l'énergie nucléaire, du déclenchement de telle guerre, de la procréation médicalement assistée et de la gestation pour autrui, des pesticides, etc. Le dirigeant doit encore mettre en place des politiques qui soient les plus justes possible, par exemple pour la répartition des richesses ou les sanctions des crimes et délits. Mais qu'est-ce au juste que le juste ? Répondre à cette question exige là encore de prendre, pour chaque cas étudié, des centaines ou des milliers de critères pour être certain de ne pas faire erreur. On le comprend donc aisément : la gestion d'un pays ou d'une communauté n'est qu'une équation hypercomplexe convoquant des milliards de données. N'est-ce pas exactement le travail d'une intelligence artificielle ? D'ailleurs, comment s'appelle l'ensemble des propositions d'un parti politique ? Un programme. On pourrait dire un algorithme.

Pour les raisons précédemment expliquées, les humains sont incapables de faire correctement ce colossal travail de calcul. Alors que les problèmes qu'ils ont à traiter demandent des milliers d'équations, ils s'arrêtent à deux ou trois. Depuis des centaines d'années, les partis politiques bégayent les mêmes confrontations idéologiques en prétendant tous proposer « de meilleures solutions » que leurs adversaires. Promesse sempiternellement démentie et pourtant sempiternellement renouvelée. Les porte-parole de ces idées s'affrontent sur les plateaux télé à coups de chiffres et de raisonnements censés démontrer la validité de leurs propositions. Ces débats peuvent exister parce que ceux qui les portent sont imparfaits et en réalité incapables d'estimer avec justesse la pertinence des idées qu'ils défendent ou combattent, même lorsqu'ils sont sincères, ce qui n'est pas toujours le cas.

La faculté de l'apprentissage autonome poussé à l'extrême ouvre des perspectives sans fin. D'ailleurs le réseau de processeurs mobilisés dans le *deep learning* est appelé « réseau de neurones », preuve que l'intelligence artificielle entend bien concurrencer, voire remplacer, à terme, l'intelligence humaine. Nous produisons des machines de plus en plus puissantes, qu'une génération prochaine renverra néanmoins à l'âge de pierre : on nous annonce le développement des ordinateurs quantiques, jusqu'à 100 millions de fois plus puissants que les ordinateurs actuels. Leur technologie repose sur les lois de la physique quantique et non plus sur la méthode binaire des bits d'information, avec des 1 et des 0. Je me garderai bien de tenter de vous en décrire davantage la technologie, mes connaissances actuelles en la matière m'en rendant bien incapable. Normal : nous sommes entrés dans *l'ère de l'incompréhension*, où la plupart d'entre nous ignorent tout du fonctionnement des objets de leur quotidien, car la science devient de plus en plus complexe au fur et à mesure de ses avancées.

On lit des notices, on appuie sur des boutons comme on nous dit de faire, et voilà. On nous demande par ailleurs de ne pas être surpris, comme s'il était absolument naturel qu'un objet posé devant nos yeux puisse se transformer en image enregistrée dans un petit boîtier et que cette image apparaisse la seconde suivante sur un second boîtier similaire situé à quelques milliers de kilomètres de là. Je parle évidemment des miracles de la photographie par téléphone portable. Comme s'il était tout aussi naturel que le texte que j'écris en ce moment même sur mon ordinateur puisse apparaître identique, et dans la minute, sur l'écran du téléphone de mon éditeur, quel que soit l'endroit dans le monde où il se trouve. La magie des emails. Il faut sans doute avoir plus de quarante-cinq ans, être né dans un monde où les foyers n'étaient pas tous équipés d'un simple téléphone fixe. Il faut sans doute avoir vécu la naissance des premiers ordinateurs individuels et leurs possibilités ridicules, pour encore s'émerveiller de ces banalités du quotidien.

L'horizon est limpide : grâce à la progression sans limites de la puissance des ordinateurs ainsi qu'à l'amélioration des technologies, nous assisterons probablement prochainement à l'émergence d'une superintelligence informatique, une génération de machines plus intelligentes que nous, capables d'apprendre davantage, de simuler tous nos comportements sociaux et de les corriger, capables même de produire des œuvres artistiques. Nous aurons alors créé une simulation de cerveau humain, mais en beaucoup plus fiable et efficace, débarrassé des contraintes biologiques. Ce moment où la machine nous dépassera en intelligence porte un nom : la *singularité technologique*, ou simplement la *singularité*. Certains le prédisent au milieu de notre siècle.

Nous avons des raisons légitimes de nous inquiéter. Souvenez-vous de la mise en garde de Stephen Hawking selon qui « le développement d'une intelligence artificielle complète pourrait signer la fin de l'humanité[1] ». L'astrophysicien décédé en mars 2018 n'était pas le seul à se montrer inquiet face aux performances toujours plus impressionnantes de l'IA. L'entrepreneur américain Elon Musk, qui a fondé Tesla et Space X et qui rêve de coloniser Mars, tient aussi à nous alerter : « Je travaille sur des formes très avancées d'intelligence artificielle, et je pense qu'on devrait tous s'inquiéter de ses progrès. [...] Je n'arrête pas de sonner l'alarme, mais jusqu'à ce que les gens voient vraiment des robots tuer des personnes, ils ne sauront pas comment réagir, tellement ça leur paraît irréel[2]. »

Conscients des enjeux éthiques et civilisationnels, les grandes entreprises qui développent l'intelligence artificielle ont créé en 2016 un consortium pour réfléchir aux conséquences de l'IA et s'assurer qu'elles profitent à l'humanité. On y retrouve Amazon, Facebook, Google, Microsoft, IBM et Apple. Le futurologue américain Ray Kurzweil, aujourd'hui directeur de l'ingénierie chez Google, imagine l'avènement

---

1. « Hawking : "L'intelligence artificielle pourrait mettre fin à l'humanité" », *Le Monde*, le 3 décembre 2014.

2. « Pour Elon Musk, l'intelligence artificielle pourrait menacer la civilisation », *Le Figaro*, le 18 juillet 2017.

de la singularité d'ici à trente ans et y voit, quant à lui, « une opportunité pour l'humanité de s'améliorer » en la rendant plus intelligente [1]. Kurzweil, icône du transhumanisme, est considéré par certains comme un génie, et par d'autres comme un gourou illuminé. Bill Gates a choisi : il dit de lui qu'il est « le meilleur [qu'il] connaisse pour prédire le futur de l'intelligence artificielle [2] ». On doit en tout cas à cet ingénieur visionnaire l'invention du scanner à plat, de la première machine capable de lire un texte imprimé pour les aveugles, ou d'un synthétiseur musical de référence. Il faut également lui reconnaître d'avoir vu juste sur le développement d'Internet et des objets connectés. Kurzweil est un grand optimiste persuadé que l'explosion technologique en cours va résoudre toutes nos problématiques actuelles, de la crise écologique à la mort. Il annonce en effet que les humains seront bientôt éternels grâce au téléchargement de leurs cerveaux sur des disques durs. Cette prédiction, que Kurzweil partage avec d'autres théoriciens transhumanistes, est loin de faire l'unanimité dans le monde scientifique. Il ne s'agit peut-être que d'un délire, en effet, même si l'hypothèse ne paraît plus si folle que ça de nos jours. Si cette prophétie se réalisait, imaginez le pataquès : faudrait-il télécharger tous les cerveaux humains en vie ? Leur donnerait-on à tous une enveloppe corporelle ou les laisserions-nous prisonniers de clés USB ? Mais à quoi peut ressembler la vie d'un être humain privé de corps ? Ne s'agit-il pas d'une torture ? Vivre, c'est expérimenter, ressentir, toucher, être touché, respirer, évoluer dans un espace...

---

1. Laurent Levrey, « Fin des maladies, vie éternelle, singularité technologique... Ray Kurzweil, gourou de Google, réitère ses folles prédictions », *We Demain*, le 21 juin 2017.

2. « Ray Kurzweil, le pape du transhumanisme », *Le Nouvel Économiste*, le 24 avril 2015.

Si nous « immortalisions » les 10, 15 ou 20 milliards d'humains alors présents sur la planète au moment où la technologie serait maîtrisée, que se passerait-il ensuite ? Nous devrions faire cohabiter des humains de chair et d'os avec ces éternels informatisés. Il est en réalité fort probable que si la technologie de sauvegarde du cerveau était mise au point, elle profiterait seulement aux plus riches, ce qui ne gêne pas les transhumanistes de la Silicon Valley, tous imprégnés du dogme libéral et du souci de l'élite. Par ailleurs, à quel moment de son existence un humain devrait-il choisir de « transférer » son cerveau ? Ou cette autre question, plus essentielle sans doute que toutes les autres : imaginons qu'il soit réellement possible de copier les informations contenues dans un cerveau sur un circuit, cela rendrait-il pour autant ce circuit humain ? Non, car il faudrait qu'il ait la conscience. Or la conscience est ce qui manquera toujours à une machine, du moins tant que nous n'aurons pas percé ses mystères.

Ne parions donc pas tout de suite sur la vie éternelle, dont je ne sais si elle serait enviable. En revanche, l'homme amélioré est une réalité à laquelle nous ne pourrons pas échapper, puisque nous l'avons déjà amorcée. Lorsque j'étais enfant, je regardais à la télévision un feuilleton intitulé *L'Homme qui valait trois milliards*. L'histoire de Steve Austin, un ancien astronaute victime d'un crash lors d'un vol d'essai. Dans son accident il avait perdu ses deux jambes, un bras et un œil, tous remplacés par des prothèses « bioniques ». Ainsi réparé, Austin courait très vite, voyait très loin, et disposait d'une force surhumaine dans le bras. Il y a quarante ans, cette histoire d'homme-robot me fascinait et semblait bien évidemment totalement irréaliste. Pourtant nous y sommes presque. Humain augmenté, réparé, hybridé, étendu, dites comme vous voulez, les bio-technologies sont en train de l'inventer. Impressions d'organes et de tissus en 3D, reprogrammation biologique, exosquelettes, prothèses intelligentes, ce n'est qu'un début. Elon Musk, encore lui, a créé Neuralink, une entreprise qui vise à concevoir des implants cérébraux, interfaces entre l'homme et la machine, permettant d'améliorer nos capacités cognitives grâce à des implants qui augmente-raient la mémoire ou piloteraient des appareils. L'homme va fusionner avec la machine. Jusqu'où ? Seul le cerveau (dans l'hypothèse où il n'est pas « transférable » sur un sup-port informatique) serait condamné à s'éteindre un jour de sa belle mort, tandis que tout le reste, l'ensemble des membres et des organes, serait remplaçable à souhait par des doubles artificiels. Difficile de savoir jusqu'où ira la fusion entre l'humain et la machine. Mais elle va avoir lieu. Le transhumanisme va, au moins en partie, se réaliser. Tandis que les machines deviendront de plus en plus humaines, les humains, eux, deviendront de plus en plus machines. Nick Bostrom prédit lui aussi la fin de l'humain actuel : « [...] dans le futur, la technologie ne servira plus seulement à transformer le monde extérieur, mais [...] elle offrira des possibilités de transformer la nature humaine en étendant nos capacités humaines. Si nous imaginons ce que seront les humains dans un million d'années, il serait très bizarre pour moi que nous soyons encore ces bipèdes enfermés dans des petites voitures, avec un cerveau de 1,5 kilo pas très différent de celui du singe [1] ! »

Rien ne sert de rester prostré devant la prédiction de la fusion entre l'homme et la machine. Attelons-nous dès

---

1. Benoît Georges, « Nick Bostrom : "Le but ultime de l'intelli-gence artificielle doit être la disparition du travail" », *op. cit.*

maintenant à définir l'autonomie et la place que nous acceptons d'accorder aux intelligences artificielles. Il nous faudra bientôt imaginer un cadre législatif pour gérer nos relations avec elles et peut-être même les limiter afin qu'elles ne prennent pas le pouvoir sur nous et qu'elles ne nous privent pas de notre humanité, à savoir prioritairement notre capacité à choisir notre destin. Mais puisqu'elles sont là, parmi nous, et qu'elles vont continuer à se développer, faisons des machines et des intelligences artificielles nos alliées, afin qu'elles participent à l'émergence d'un *Homo* juste, responsable et empathique, mettant en pratique les lois sans cesse réécrites de la morale, c'est-à-dire *Homo ethicus*.

Les trois lois de l'homotique

L'imperfection nous caractérise. Aucun d'entre nous ne peut prétendre observer à chaque instant de sa vie un comportement irréprochable et entièrement cohérent, quelle que soit la philosophie de vie qu'il a choisi de s'appliquer. Nous sommes des créatures confrontées à leurs limites et contradictions. L'origine de ces infractions à notre logique tient aux restrictions de notre intelligence, alliées à notre émotivité. Nos analyses, qu'elles soient spontanées ou profondes, se heurtent à nos défauts d'analyse. Si nous étions des machines dénuées d'affect et capables de calculs vertigineux, sans doute serions-nous tous plus vertueux. Il est curieux de l'admettre, mais c'est ainsi : un robot est potentiellement plus sage qu'un humain.

L'écrivain de science-fiction Isaac Asimov avait imaginé les trois lois de la robotique : il s'agit de trois règles éthiques codées dans le cerveau de tout robot :

– Un robot ne peut porter atteinte à un être humain, ni, en restant passif, permettre qu'un être humain soit exposé au danger.

– Un robot doit obéir aux ordres qui lui sont donnés par un être humain, sauf si de tels ordres entrent en conflit avec la première loi.

– Un robot doit protéger son existence tant que cette protection n'entre pas en conflit avec la première ou la deuxième loi.

Évidemment, nous ne sommes pas des robots et ce qui nous en distingue fondamentalement est la conscience. Mais rien ne nous empêche pourtant d'imaginer que nous intégrions des règles programmées qui régissent nos comportements individuels quels que soient les circonstances ou nos intérêts personnels en jeu. J'anticipe votre réponse : ces règles existent. Ce sont évidemment ces foultitudes de lois mises en place dans tous les pays du monde. Des lois qui découlent en principe des textes fondateurs de notre éthique collective récente, au premier rang desquels la Déclaration des droits de l'homme et du citoyen de 1789 et la Déclaration universelle des droits de l'homme de 1948. Mais le respect de ces règles éthiques générales laisse à désirer. Soit parce que les lois votées par les pays entrent en contradiction avec les textes fondateurs dont elles découlent. Soit parce que ces lois sont régulièrement transgressées ou violées par les individus. Par ailleurs, les principes énoncés dans les déclarations communes qui font référence sont dépassés sur certains aspects, à commencer évidemment par nos obligations à l'égard du vivant.

Reprenons les trois lois de la robotique d'Asimov et réfléchissons à leur adaptation à l'humain du futur, l'homme moral, *Homo ethicus*. Alors j'imagine que les lois de l'*homotique* pourraient être les suivantes :

– Un *Homo ethicus* ne peut porter atteinte à un animal humain ou non humain sentient, ni, en restant passif, permettre qu'un animal humain ou non humain sentient soit exposé au danger provoqué par un humain.

– Un *Homo ethicus* doit obéir aux ordres qui lui sont donnés par sa conscience évoluée, régie par deux priorités : la responsabilité et l'empathie.

– Un *Homo ethicus* doit protéger l'existence de tout être vivant tant que cette protection n'entre pas en conflit avec sa propre survie.

J'imagine encore qu'un principe général guidera *Homo ethicus*, un principe dont il fera une devise inscrite au fronton des monuments :

VIVRE ET LAISSER VIVRE

Slow

Le dimanche 5 juin 1983, vers 19 heures, j'ai dansé un slow avec une jeune fille aux longs cheveux noirs bouclés, vêtue d'une mini-jupe en jean bleue assortie à une veste courte du même tissu, ouverte sur un tee-shirt blanc. S'il y avait une inscription sur ce tee-shirt, je l'ai oubliée. Sur le front de la demoiselle, barrant ses boucles noires, un bandeau, en jean lui aussi. Le 45 tours qui passait sur la platine était *Succès fou* de Christophe. À l'époque, il y avait encore des slows d'été et des solos de saxophones dans les chansons. Nous nous sommes serrés l'un contre l'autre puis nous avons tourné, pendant trois minutes et trente secondes environ. Le refrain répétait ces mots : « Avec les filles j'ai un succès fou/Le charme, ça fait vraiment tout. » Alors je lui ai dit à l'oreille, parce qu'il fallait que je lui dise quelque chose : « Il est quand même prétentieux, ce chanteur. » Elle a souri, par politesse sans doute, et a répondu : « Oui. » Ma remarque n'était pas des plus inspirées. À ma décharge, j'avais onze ans. Elle en avait treize. Je finissais ma 6e, et elle sa 4e. Deux ans d'écart, un fossé à cet âge, même si elle n'était pas beaucoup plus grande que moi. Mais je n'étais pas encore vraiment entré dans l'adolescence, et elle y était déjà pleinement. J'étais un gamin, c'était un début de femme.

Ce jour-là, Yannick Noah a gagné Roland Garros en battant Mats Wilander en finale. Le match était diffusé sur un poste de télé auquel les invités jetaient un œil de temps en temps. Il s'agissait d'une communion, celle de mon copain Christophe S. La fête se déroulait dans un restaurant réquisitionné pour l'occasion, à Sainte-Cécile Plage, dans le Pas-de-Calais, à quelques kilomètres de l'endroit où j'étais allé à l'école avec Christophe quelques années auparavant. Ce dimanche, il m'avait d'abord donné rendez-vous en fin de matinée chez lui, avec d'autres invités. C'est là que je l'ai vue, cousine tourbillon. Je crois que plus jamais ensuite, de toute mon existence, une femme n'a produit sur moi un tel effet.

Ma mémoire la rejoue qui franchit la porte de cette pièce où eut lieu la déflagration. Je ressens encore le souffle de sa beauté insolente de décomplexion balayer ma niaiserie de garçon trop bien élevé. Sa peau, ses cheveux, ses vêtements : elle ne ressemblait à aucune fille que j'avais jamais croisée jusqu'ici parmi les mignonnes à robe rose et les moins mignonnes à pull marron qui couraient quotidiennement dans ma cour de récré. Elle, elle débarquait d'une pochette de disque ou d'un film américain et elle balançait soudain à mon visage de poupin des concepts nouveaux tels que liberté, sensualité et érotisme. Cette manière de s'habiller, ce jean, cette jupe, ce bandeau : whaou. J'étais jusqu'alors fier de ma panoplie de gentleman garçonnet : pantalon à pinces bleu, chaussures en cuir rouge, pull moutarde sans manches, chemisette blanche… Mais elle, elle débarquait affranchie de toutes ces contraintes vestimentaires conformistes, en affirmant son appartenance à une espèce qui m'était alors inconnue : celle des jeunes femmes modernes et violemment sexy.

Je fus étonné de découvrir placardées dans la chambre de Christophe des affiches d'Iron Maiden, groupe de hard-rock dont la musique sonnait à l'époque comme un péché à mes oreilles d'enfant de bonne famille. Moi qui écoutais les Bee Gees dans mon pull moutarde, j'imaginais que cette musique de sauvages était réservée à des bandes de marginaux aux cheveux longs et aux blousons de cuir cloutés. Pourquoi mon camarade avait-il cédé à l'appel de cette musique satanique ? C'est un ange qui me l'expliqua. La jeune fille tombée du ciel dans sa mini-jupe en jean était fan elle aussi de la musique qui fait du bruit, alors elle passa des disques pour me faire écouter. Je ne l'ai compris que bien plus tard, mais ce jour-là, le 5 juin 1983, je suis tombé amoureux du hard-rock, des guitares électriques, des batteries, et des filles gentilles mais rebelles qui respirent la musique brutale.

Il est en principe établi que, dans la cour d'une école, un garçon ne peut séduire une fille d'une section supérieure, la maturité faisant défaut à l'agent masculin. Pourtant, pour une raison que je ne m'explique toujours pas aujourd'hui, la presque lycéenne manifesta immédiatement de l'intérêt pour le jeune collégien que j'étais et nous ne nous quittâmes plus de la journée. Je ne me souviens plus de quoi parlent des enfants d'une dizaine d'années qui se découvrent et se plaisent, mais nous avons beaucoup parlé. Et dansé aussi. Je me rappelle que le DJ a passé *Eye of the Tiger*, la musique du film *Rocky III* sorti quelques mois plus tôt en France. Ce morceau, qui figure toujours en bonne place dans la play-list de mon lecteur MP3, avait à l'époque bousculé mes puériles oreilles ; son riff guitare-batterie avait eu l'effet d'une injonction inédite lancée à mes capteurs sensoriels, faisant vibrer des zones de mon cerveau jusque-là endormies.

En fin de journée vint le temps des slows, ces morceaux au tempo lent destinés à tester les possibilités amoureuses grâce au rapprochement des corps. De l'effleurement à l'enlacement, de la distance polie à la tête sur l'épaule, des mains posées timidement sur les hanches à celles qui caressent le dos, les degrés d'intimité envisageables par le truchement de cette danse minimaliste sont multiples et se mesurent en direct. Le rendez-vous furtif peut alors se conclure par une séparation polie ou un baiser tendre. Il me semble que les slows ont désormais disparu des soirées, celles des jeunes et des moins jeunes comme moi. Pour les gens de mon âge, peu importe : ceux qui ont quarante ou cinquante ans ont accès à des stratégies de séduction plus élaborées que ces rendez-vous minutés qui vous font piétiner en rond. Mais cet oubli des slows est regrettable pour les dix-dix-huit ans d'aujourd'hui qui se retrouvent privés d'un moyen simple et ludique de faire connaissance en douceur avec une sensualité non virtuelle.

Il y eut donc soudain ce *Succès fou* dans les haut-parleurs. Je ne sais plus exactement comment les choses se sont passées. L'ai-je saisie par la main pour l'emmener sur la piste ? Y étions-nous déjà ? Nous sommes-nous simplement pris dans les bras sans dire un mot, comme s'il était entendu que le moment était venu de nous rapprocher un peu plus ? Peu importe. Elle fut là, contre moi, et je fus contre elle. Elle, inaccessible, trop belle, trop femme, trop Iron Maiden. Et moi trop jeune, trop bête, trop Bee Gees. Tout cela dura environ trois minutes, il y a trente-cinq ans. Cela fait déjà quatre pages dans ce livre, et beaucoup plus dans ma vie.

Je n'ai vraiment réalisé ce qu'il venait de se passer pendant cette journée qu'au moment où celle-ci a pris fin, c'est-à-dire lorsque mes parents sont passés me chercher pour me ramener à la maison. Ils sont arrivés alors que je révolutionnais ma vie sous une boule à facettes avec ma jolie guévariste de l'amour. Je sais qu'ils nous ont observés, car mon père m'a ensuite demandé ce que je lui avais murmuré à l'oreille pendant que nous dansions. Est-ce que ça le regardait ? Cette inquisitrice intrusion était-elle nécessaire ? Je l'ai d'autant moins comprise que quelques instants plus tard il n'a pas manifesté la moindre émotion lorsque je me suis installé, dépité, sur la banquette de la voiture qui allait définitivement m'arracher à ma belle. Il s'est alors produit quelque chose qui m'a permis de comprendre que je n'avais pas rêvé en solitaire. Alors que j'avais dit au revoir à mon affectueuse cavalière à l'intérieur de la salle quelques instants plus tôt, je me rendis compte en me retournant qu'elle m'avait suivi à l'extérieur. Elle était là, sur le trottoir, et regardait le véhicule en train de s'éloigner. Je la revois encore très distinctement, dans son ensemble jean sexy, un bandeau dans ses cheveux noirs bouclés, seule sous la nuit tiède de ce début d'été. M'a-t-elle fait un signe ? Je ne sais plus. Mais j'en avais la preuve : elle avait commencé à m'aimer, comme moi j'avais commencé à l'aimer. Je doute cependant d'avoir produit chez elle un effet équivalent à l'explosion qui venait d'émietter mon cerveau de gamin. Je suis même à peu près certain qu'elle a très vite oublié le petit garçon en pull moutarde croisé un jour de communion quand elle était ado.

Je ne l'ai jamais revue, ni ne lui ai reparlé. Replacez-vous près de quatre décennies en arrière. Un jeune lecteur sera peut-être étonné d'apprendre qu'à cette époque ni les téléphones portables ni les messageries Internet n'existaient. Pour garder le contact avec une fille rencontrée au hasard, il n'y avait que deux moyens : récupérer son adresse, pour ensuite pouvoir lui écrire une lettre, ou noter le numéro de téléphone (fixe, évidemment) de ses parents. J'aurais dû choisir l'une de ces deux options, mais je ne l'ai pas fait. Un manque d'audace lié à mon manque d'assurance, j'imagine.

Quel était le prénom de cette apparition ? Il m'est impossible de me le rappeler avec certitude, ce qui me surprend, tant le reste est encore net. Peut-être l'oubli est-il dû au fait que j'ai négligé ce souvenir pendant des années, avant de me rendre compte qu'il me suivait partout, à tous les âges, ressurgissant régulièrement. J'y pensais tout à l'heure. J'étais assis à la table d'un café. En face de moi, celle qui partage ma vie depuis plusieurs années maintenant. Le printemps était généreux avec elle : il avait envoyé le soleil caresser ses longs cheveux noirs bouclés qui tombaient sur sa veste en jean, laquelle s'ouvrait sur un tee-shirt blanc.

Témoin

Le dimanche 10 juin 2018, vers 19 heures, j'ai serré contre moi une fille aux cheveux noirs courts et hirsutes, pesant juste le poids de quelques plumes. À quelques kilomètres de là, Roland-Garros venait de sacrer son vainqueur annuel. Trente-cinq finales plus tôt, jour pour jour, et exactement à la même heure, je dansais un slow dans un restaurant du nord de la France avec une inconnue trop adulte pour moi.

Te voilà. C'est donc cela, la vie : il y a huit mois, une petite fève nichée au cœur d'un ventre, et soudain une demoiselle qui respire, agite les bras et les jambes, qui observe incrédule formes et couleurs et ausculte surprise les visages gagas. J'imagine ton inquiétude, alors que tes doigts miniatures s'accrochent à mon pouce comme à une bouée de secours. Rassure-toi, je ne lâcherai ta menotte que le jour où mon cœur écrasé de vieillesse m'y obligera. Tu es là et quelques semaines plus tard, tu as déjà tout changé. Les perspectives, les horizons, les cadres, les paysages, je ne perçois plus pareil. J'ai cru voir la beauté de nombreuses fois, alors qu'en réalité, pour la connaître en plein, il me fallait attendre ce regard bleu amande qui me sourit en essayant de prononcer des mots qui prennent la forme d'oiseaux qui s'envolent. Rien n'est plus fort, rien ne vaut plus la peine.

Je ne suis pourtant pas sûr d'avoir eu raison de t'inviter dans ce monde que j'ai déjà suffisamment traversé pour avoir acquis la certitude qu'il est désespérant, même si ta soudaine présence tend à prouver le contraire. T'ai-je inventée pour m'aider, me soulager, me consoler ? Sans doute fus-je égoïste en te demandant de me rejoindre. J'avais besoin de toi pour continuer à avoir envie de fouler le caillou des fous. J'avais fini ma première vie, je roulais sans but si ce n'est celui de m'éloigner, toujours plus loin : tu me ranimes et me ramènes à la civilisation.

Je ne sais trop comment m'y prendre avec toi, et je redoute déjà les erreurs qu'un jour tu me reprocheras. Je ferai simplement de mon mieux, ou de mon moins mal. Je t'enseignerai le peu que je crois avoir compris des hommes, tu en auras besoin pour grandir et te défendre. Je t'apprendrai par exemple que l'amitié est aussi rare qu'une averse dans le désert d'Atacama et que les étendues où l'on erre sont parsemées de mirages. Je t'habituerai à te méfier des promesses et des guides. Je t'expliquerai pourquoi nous ne représentons souvent pour les autres que des moyens au service de leurs désirs, et qu'il te faut refuser cette servitude. Je te demanderai de ne croire en personne d'autre qu'en toi-même et en ceux qui t'ont désirée et te chérissent depuis ton premier jour. Je te répéterai que tu ne dois accepter aucune humiliation et qu'aucun être humain n'a le droit de te faire souffrir, quelles que soient les excuses derrière lesquelles il se réfugie. J'insisterai néanmoins pour que tu laisses ton esprit ouvert aux surprises rassurantes, je veux parler de ces lumières d'humanité qui s'allument à travers les attentions de quelques âmes plus généreuses que les autres. Je t'encouragerai à illuminer. Je t'élèverai en résistante de la dignité et des vertus. Je t'aiderai à déjouer les pièges de la vanité et ceux de la naïveté, ces deux cousines éloignées dont les sonorités se répondent. Je t'enseignerai la froideur qui abrite et la chaleur qui apaise. Je t'apprendrai la méfiance, même à l'égard des leçons d'un père trop attaché à toi.

Je te sais douce, comme ta mère, sois aussi forte qu'elle aussi. Susurre aux oreilles de ceux qui le méritent, berce les orages, mais n'arrête pas pour autant de crier lorsque le besoin s'en fera sentir.

Crie contre l'injustice, contre la bêtise, contre ce que l'humanité a de plus vil, crie contre les cris d'intolérance, crie ton irrespect de l'ordre établi et des ordres stupides, crie contre les faux prophètes, crie contre la futilité pédante, crie contre les tueurs de liberté, crie contre les assassins en tout genre, crie pour nos frères animaux, crie pour faire entendre leurs cris de douleur que l'on fait semblant de ne pas entendre, continue le combat, poursuis-le mieux que je n'ai su le faire, crie pour faire exploser ta joie, crie pour dire tes passions, crie pour la paix, crie pour le silence, crie pour les arbres et les mers, n'aie jamais peur d'être différente, singulière, étrange, originale, marginale, souviens-toi que les clones ont tort et que l'histoire de l'évolution est une prime à la différence audacieuse. Si tu penses qu'une idée est belle, protège-la sans baisser le regard. Ignore les moqueurs et les méprisants. Défends ton point de vue sans craindre la solitude. Réponds à l'agression par l'esprit. Et si l'esprit ne suffit pas, griffe pour imposer le respect. Ton opinion ne doit être défendue qu'au moyen d'arguments honnêtes qui respectent la vérité de la raison. Et garde sans cesse en tête que, malgré toute ta bonne foi, tu peux te tromper. Laisse une porte ouverte au doute, toujours, même face aux plus belles évidences.

Vivant

Surtout, rêve le plus fort possible, rêve au bonheur que tu iras chercher coûte que coûte, et à l'Humain éthique dont tu vas écrire une partie du chemin. Vis, mon amour.

Remerciements

Merci à Guillaume Robert, oreille attentive et bienveillante chez Flammarion.

Merci à Claire Le Menn pour sa relecture minutieuse.

Merci à Thierry Daudinet qui a eu la gentillesse de poser son regard de biologiste sur plusieurs chapitres de ce livre.

Merci aux êtres magiques, humains et non humains, qui partagent ma vie quotidienne.

Merci aux anges surgis de nulle part, pour l'espoir.

Cet ouvrage a été mis en pages par

<pixellence>

Achevé d'imprimer en octobre 2018
sur les presses de Normandie Roto Impression s.a.s.
61250 Lonrai
N° d'impression : 1804291
N° d'édition : L.01ELKN000705.N001
Dépôt légal : octobre 2018

Imprimé en France